NOMENCLATURE

DES PIÈCES

A TRANSMETTRE PÉRIODIQUEMENT

PAR MM. LES DIRECTEURS DES CONTRIBUTIONS DIRECTES,

Par M. A.-I. MARTIN,

COMMIS PRINCIPAL DES CONTRIBUTIONS DIRECTES.

Prix : 5 francs.

PÉRIGUEUX,

IMPRIMERIE ADMINISTRATIVE DUPONT ET Ce, RUE TAILLEFER.

1858.

NOMENCLATURE

DES

PIÈCES A TRANSMETTRE PÉRIODIQUEMENT

PAR

MM. LES DIRECTEURS DES CONTRIBUTIONS DIRECTES.

©

NOMENCLATURE
DES PIÈCES

A TRANSMETTRE PÉRIODIQUEMENT

PAR MM. LES DIRECTEURS DES CONTRIBUTIONS DIRECTES,

Par M. A.-I. MARTIN,

COMMIS PRINCIPAL DES CONTRIBUTIONS DIRECTES.

Prix : 5 francs.

PÉRIGUEUX,

IMPRIMERIE ADMINISTRATIVE DUPONT ET Ce, RUE TAILLEFER.

1858.

INTRODUCTION.

Le nombre de pièces à rédiger et à transmettre périodiquement par MM. les Directeurs des contributions directes à l'administration centrale et aux fonctionnaires des départements est extrêmement multiplié, et il est difficile, au milieu des obligations si variées qui incombent aux directions, qu'il ne se produise pas quelques omissions toujours regrettables. Tantôt c'est une disposition des instructions qui a été perdue de vue dans la rédaction d'un tableau, tantôt c'est une pièce annexe qui n'a pas été jointe au document principal; une autre fois, c'est l'envoi lui-même qui n'a pas été fait à l'époque fixée. De là des irrégularités dans le service.

Pour prévenir ces inconvénients, il a été dressé, à plusieurs reprises, des états indiquant les pièces à former et l'époque des envois; la nomenclature la plus récente est insérée dans le bulletin des contributions directes de l'année 1847. Cette pièce, comme les précédentes, n'a pour objet que les relations des directeurs avec l'administration, et elle est d'ailleurs tout-à-fait insuffisante, même au point de vue de son auteur, par suite des modifications qu'y ont apportées les instructions qui ont paru depuis sa publication.

J'ai pensé qu'il était utile de combler la lacune qui existe sous ce rapport dans le service des directions, en réunissant, dans un ouvrage spécial, tous les envois à faire par les directeurs pendant le cours de l'année, non-seulement à M. le Directeur-Général, mais encore à MM. les Préfets, Sous-Préfets,

Maires, Chefs de service, Inspecteurs et Contrôleurs. Je me suis donc occupé de ce travail, auquel j'ai consacré tous mes soins, afin de le rendre aussi complet que possible.

La nomenclature ci-après est divisée en treize séries. Les douze premières présentent pour chaque mois et pour ainsi dire jour par jour, le détail des pièces à transmettre aux divers fonctionnaires. La treizième série, subdivisée en dix-huit parties, indique les pièces qui doivent être fournies à des époques indéterminées. En regard de chaque article sont mentionnés les règlements, instructions et circulaires qui ont prescrit la formation et l'envoi des pièces, ce qui permettra, en cas de doute, de recourir au texte officiel lui-même. Entre chaque période et à la suite de chaque chapitre, un espace en blanc a été ménagé pour les inscriptions qui résulteront de nouvelles dispositions, en sorte que ce travail pourra toujours être tenu à jour. Enfin, l'ouvrage est terminé par une table alphabétique sommaire établie d'après les règles qui viennent d'être exposées.

J'ai lieu d'espérer que MM. les Directeurs, Inspecteurs et Premiers-Commis apprécieront l'utilité de ce recueil, et qu'ils me sauront quelque gré des efforts que j'ai faits pour atteindre le but que je me suis proposé. MM. les Directeurs y trouveront les moyens d'assurer leur service, MM. les Inspecteurs y puiseront des renseignements qui leur faciliteront l'exercice des fonctions qu'ils sont appelés à remplir, et, avec son aide, MM. les Premiers-Commis pourront veiller à l'exacte observation des instructions.

Périgueux, le 15 septembre 1858.

A.-I. MARTIN.

ÉPOQUES FIXES.

1er SOMMAIRE.

NOMENCLATURE
DES PIÈCES A TRANSMETTRE PÉRIODIQUEMENT
Par MM. les Directeurs des Contributions directes.

Mois de Janvier.

Nos d'ordre.	DATES DES ENVOIS.	QUALITÉS des DESTINATAIRES.	NATURE DES PIÈCES A TRANSMETTRE.	INDICATION des RÈGLEMENTS, INSTRUCTIONS et circulaires en vertu desquels les envois doivent être faits.
1	2	3	4	5
1	1er.	Administration, 1re div., 2e bur.	Situation définitive des travaux relatifs à la confection des rôles généraux et des patentes.	Circ. nos 13, 48, 96, 129, 162, 189, 211, 235, 256, 278, 298, 323, 338, 351, 364.
2	1er.	Recev. général.	Imprimés pour extraits des cahiers de notes des percepteurs.	Inst. du 18 décemb. 1853, art. 23 et 150.
3	1er.	Recev. général.	Ordonnances de dégrèvement signées par le préfet pendant la quinzaine précédente.	Inst. gén. sur la comptabilité du 17 juin 1840, art. 147.
			Bordereau énonciatif des ordonnances y annexées, au bas duquel le receveur général accuse réception de ces pièces.	*Idem.*
4	1er.	Payeur.	Communication des mandats de paiement pour traitements fixes et pour frais de tournées, payables hors du chef-lieu.	Règl. minist. du 26 janv. 1846, art. 128.
			Bordereau des mandats délivrés.	*Idem*, art. 127 et 128.
5	1er au 5.	Inspec.-contrôl.	Mandats de paiement pour traitements fixes et pour frais de tournées.	Règl. minist. du 26 janv. 1846, art. 126.
6	1er au 5.	Administration, 2e division.	Relevé des mandats délivrés pendant le mois de décembre pour traitements fixes, frais de tournées et de bureau, et pour dépenses imprévues.	Circ. autographiée du 23 avril 1846.
7	1er au 5.	Administration, bureau central et du personnel.	Feuilles individuelles semestrielles pour tous les agents de la direction. (Celle du directeur et celle de l'inspecteur doivent être rédigées en double expédition.)	Circ. du 29 avril 1842, et nos 194, 333.
8	1er au 5.	Administration, 2e division.	Relevé sommaire des opérations exécutées par l'inspecteur pendant le trimestre expiré.	Circ. no 317.

Mois de Janvier.

Nos d'ordre. 1	DATES DES ENVOIS. 2	QUALITÉS des DESTINATAIRES. 3	NATURE DES PIÈCES A TRANSMETTRE. 4	INDICATION des RÈGLEMENTS, INSTRUCTIONS et circulaires en vertu desquels les envois doivent être faits. 5
9	1er au 5.	Inspec.-contrôl.	Doubles des relevés sommaires des opérations exécutées par l'inspecteur et par les contrôleurs pendant le mois de décembre, revêtus des observations du directeur.	Circ. du 14 février 1827.
10	1er au 10.	Administration, 1re div., 2e bur.	Etats du montant des rôles spéciaux de toute nature émis pendant le trimestre précédent.	Circ. du 20 août 1829, 28 février 1834, 26 mai 1837, 8 févr. et 21 mai 1838, 3 avril 1840, et nos 72, 261.
			Résumé, en double expédition, des rôles émis jusqu'au 20 décembre.	Circ. du 21 mai 1838, et nos 15, 261.
11	1er au 10.	Administration, 1re div., 2e bur.	Etats justificatifs de la dépense relative aux frais de confection des rôles généraux et des patentes, consistant en :	Circ. nos 164, 235, 256, 278, 323, 338, 351.
			1° Liste nominative des confectionnaires;	Circ. nos 161, 235, 256, 278, 323.
			2° Décompte des travaux D;	Circ. nos 161, 235, 256, 323.
			3° Etat des fournitures faites par l'imprimeur E;	Circ. nos 161, 235, 256.
			4° Etat des cadres restés sans emploi F;	Circ. no 164.
			5° Facture de l'imprimeur sur papier timbré.	Circ. nos 164, 235, 256.
12	1er au 10.	Administration, 1re div., 2e bur.	Etat de situation des dépenses et crédits de l'exercice antérieur.	Circ. nos 103, 115, 210, 312, 313.
			Etat des décharges et réductions prononcées sur la taxe des biens de main-morte. (Modèle H.)	Circ. no 199 et lettre-circ. du 25 septembre 1849.
13	1er au 10.	Administration. 1re div., 2e bur.	Etat trimestriel sommaire du montant des rôles de prestation de l'exercice antérieur ou certificat négatif.	Circ. du 3 mai 1841, et no 10.

Mois de Janvier.

Nos d'ordre. 1	DATES DES ENVOIS. 2	QUALITÉS des DESTINATAIRES. 3	NATURE DES PIÈCES A TRANSMETTRE. 4	INDICATION des RÈGLEMENTS, INSTRUCTIONS et circulaires en vertu desquels les envois doivent être faits. 5
14	1er au 10.	Administration, 2e division.	Etat de situation de l'instruction des réclamations de toute nature de l'exercice précédent.	Circ. nos 1, 111, 253, 314, 321, 344.
15	1er au 10.	Ministre.	Etat de situation des crédits délégués, des droits constatés, des mandats délivrés et des paiements effectués au dernier jour du mois de décembre.	Règl. minist. du 26 janv. 1846, art. 211 et 212.
			Etat détaillé des droits constatés pour traitements fixes.	*Idem*, art. 213, et circ. minist. du 4 août 1848, n° 403.
16	1er au 15.	Administration, 1re div., 1er bur.	Etat comparatif du produit des patentes de l'année courante et de l'année précédente. (Modèle n° 13.)	Circ. nos 126, 218, 237, 275, et inst. gén. du 31 juillet 1858, art. 125.
			Renseignements sur les effets produits par la non-imposition des patentables indigents. (Modèle n° 13.)	Inst. du 10 juillet 1850, art. 36, circ. n° 275, et inst. gén. du 31 juillet 1858, art. 125.
			Renseignements relatifs aux fabricants à métiers occupant moins de dix métiers.	Circ. n° 296.
			Etat indiquant, par nation, les droits imposés sur les commis-voyageurs étrangers.	Circ. nos 136, 304, 319.
17	1er au 15.	Préfet.	Rôles supplémentaires des patentes du 4e trimestre de l'année écoulée, pour être soumis à l'homologation.	Circ. nos 72, 147, 235, 341, 358.
18	1er au 15.	Receveurs des finances.	Rôles supplémentaires, avertissements et formules des patentes du 4e trimestre de l'année précédente.	Circ. nos 72, 147, 235, 358.
			Feuille d'émargement constatant la remise de ces pièces aux percepteurs.	Circ. du 28 novembre 1828, et inst. gén. sur la comptabilité du 17 juin 1840, art. 35.
19	1er au 15.	Préfet, recev. général.	Copie de l'état du montant des rôles supplémentaires des patentes du 4e trimestre de l'année précédente.	Circ. des 20 août 1829, 26 mai 1837, et nos 235, 358.

Mois de Janvier.

Nos d'ordre. 1	DATES DES ENVOIS. 2	QUALITÉS des DESTINATAIRES. 3	NATURE DES PIÈCES A TRANSMETTRE. 4	INDICATION des RÈGLEMENTS, INSTRUCTIONS et circulaires en vertu desquels les envois doivent être faits. 5
20	1er au 15.	Administration, 1re div., 2e bur.	Avis d'émission des rôles supplémentaires des patentes du 4e trimestre de l'année expirée.	Circ. nos 235, 261, 358.
21	1er au 15.	Administration, 1re div., 2e bur.	Décompte de la dépense des rôles supplémentaires des patentes des quatre trimestres de l'année précédente. (Modèle D.)	Circ. nos 161, 235.
			Facture de l'imprimeur, sur papier timbré, relative à la fourniture des imprimés employés pour la confection de ces rôles. (Modèle E.)	Circ. no 161.
22	1er au 15.	Recev. général.	Imprimés pour la rédaction des matrices de la taxe municipale sur les chiens.	Circ. no 312 et inst. minist. du 26 septembre 1855 y annexée, art. 2.
23	15.	Administration, 2e division.	Etat de situation de l'application des mutations sur les matrices cadastrales des communes.	Circ. nos 49, 190, 212, 238, 219, 263, 282, 309, et inst. du 18 décembre 1853, art. 147.
24	15.	Recev. général.	Etat des matrices cadastrales réintégrées dans les mairies depuis la précédente situation.	Inst. du 18 décemb. 1853, art. 147.
25	15.	Recev. général.	Ordonnances de dégrèvement signées par le préfet pendant la quinzaine précédente.	Inst. gén. sur la comptabilité du 17 juin 1840, art. 147.
			Bordereau énonciatif des ordonnances y annexées.	Idem.

Mois de Janvier.

Nos d'ordre. 1	DATES DES ENVOIS. 2	QUALITÉS des DESTINATAIRES. 3	NATURE DES PIÈCES A TRANSMETTRE. 4	INDICATION des RÈGLEMENTS, INSTRUCTIONS et circulaires en vertu desquels les envois doivent être faits. 5
26	1er au 31.	Préfet.	Etat indiquant le partage des sommes comprises dans les rôles de l'exercice courant entre l'Etat, le département, les communes et le fonds de secours, non-valeurs, réimpositions et frais d'avertissement.	Circ. nos 236, 256, 278.
27	1er au 31.	Administration, 1re div., 2e bur.	Etat du montant des rôles généraux de l'exercice courant.	Circ. nos 48, 75, 96, 162, 211.
			Etat des impositions extraordinaires qui n'ont pu être comprises dans les rôles généraux.	Circ. nos 48, 96, 162.
28	1er au 31.	Préfet, recev. général.	Copie de l'état du montant des rôles généraux de l'exercice courant.	Circ. nos 48, 75.
29	1er au 31.	Administration, 1re div., 1er bur.	Etat présentant le montant des valeurs locatives des maisons et usines au 1er janvier.	Circ. des 9 novemb. 1836, 8 septembre 1838, et no 63.
			Etat indiquant le nombre de taxes personnelles et leur produit d'après le tarif annexé à la loi du 26 mars 1831.	*Idem.*
			Etat comprenant le nombre des portes et fenêtres imposées et leur produit d'après le tarif annexé à la loi du 21 avril 1832.	Circ. des 9 novembre 1836, 8 septembre 1838, et no 63.
30	1er au 31.	Administration, 2e division.	Etat détaillé de la dépense des mutations cadastrales par nature et par agent pour l'exercice courant, destiné à être annexé, comme pièce justificative, au mandat du directeur, après approbation de M. le directeur général.	Règl. minist. du 26 janv. 1816, § 404, circ. no 226 et inst. du 18 décembre 1853, art. 157.
31	1er au 31.	Contrôleurs.	Etat des centimes le franc des contributions foncière et mobilière portant l'indication des tarifs des portes et fenêtres et du nombre de centimes additionnels des patentes.	Inst. du 18 décembre 1853, art. 132.
32	1er au 31.	Préfet.	Rôles de la taxe des biens de main-morte pour être soumis à l'homologation.	Circ. no 199.
33	1er au 31.	Receveurs des finances.	Rôles et avertissements de la taxe des biens de main-morte.	Circ. no 199.
			Feuille d'émargement constatant la remise de ces pièces aux percepteurs.	Circ. du 28 novemb. 1828 et inst. gén. sur la comptabilité du 17 juin 1840, art. 35.

Mois de Janvier.

Nos d'ordre. 1	DATES DES ENVOIS. 2	QUALITÉS des DESTINATAIRES. 3	NATURE DES PIÈCES A TRANSMETTRE. 4	INDICATION des RÈGLEMENTS, INSTRUCTIONS et circulaires en vertu desquels les envois doivent être faits. 5
34	1er au 31.	Préfet, recev. général.	Copie de l'état du montant des rôles de la taxe établie sur les biens de main-morte.	Circ. nos 199, 225.
35	1er au 31.	Administration, 1re div., 2e bur.	Avis d'émission des rôles de la taxe des biens de main-morte.	Circ. no 199.
36	1er au 31.	Préfet.	Rôles de la taxe municipale sur les chiens du 2e semestre de l'année précédente, pour être soumis à l'homologation.	Circ. no 312, circ. minist. du 26 septembre 1855 y annexée, art. 5, et circ. minist. du 19 mai 1856.
37	1er au 31.	Receveurs des finances.	Rôles et avertissements de la taxe municipale sur les chiens du 2e semestre de l'année précédente.	Circ. no 312, circ. minist. du 26 septembre 1855 y annexée, art. 5, et circ. minist. du 19 mai 1856.
			Feuille d'émargement constatant la remise de ces pièces aux percepteurs.	Circ. du 28 novemb. 1838 et inst. gén. sur la comptabilité du 17 juin 1840, art. 35.
38	1er au 31.	Préfet.	Copie de l'état du montant des rôles de la taxe municipale sur les chiens émis pour le 2e semestre de l'année précédente.	Circ. no 312, circ. minist. du 26 septembre 1855 y annexée, art. 5, et circ. minist. du 19 mai 1856.
39	1er au 31.	Administration, 1re div., 2e bur.	Etat sommaire du montant des rôles de la taxe municipale sur les chiens, émis pour le 2e semestre de l'année précédente.	Circ. no 312, circ. minist. du 26 septembre 1855 y annexée, art. 5, et circ. minist. du 19 mai 1856.
40	1er au 31.	Contrôleurs.	Etat des chefs d'école en exercice au 31 décembre précédent fourni par le recteur.	Règl. du 27 novemb. 1831, art. 37, et circ. no 241.
41	1er au 31.	Contrôleurs.	Etats nominatifs des individus ayant fait, pendant le 4e trimestre de l'année précédente, des déclarations de commencer et de cesser.	Circ. des 16 et 22 février 1836.
42	1er au 31.	Directeur des contrib. ind.	Imprimés pour la rédaction des états de commencer et de cesser à dresser par les employés des contributions indirectes pendant l'année courante.	Circ. du 16 décembre 1836.
43	1er au 31.	Préfet.	Rôles des contributions personnelle-mobilière et des patentes des communes soumises au recensement annuel, pour être soumis à l'homologation.	Circ. nos 18, 118.

Mois de Janvier.

Nos d'ordre. 1	DATES DES ENVOIS. 2	QUALITÉS des DESTINATAIRES. 3	NATURE DES PIÈCES A TRANSMETTRE. 4	INDICATION des RÈGLEMENTS, INSTRUCTIONS et circulaires en vertu desquels les envois doivent être faits. 5
44	1er au 31.	Receveurs des finances.	Rôles des contributions personnelle-mobilière et des patentes des communes soumises au recensement annuel, avertissements et formules.	Circ. nos 48, 148.
			Feuille d'émargement constatant la remise de ces pièces aux percepteurs.	Circ. des 28 novemb. 1838 et inst. gén. sur la comptabilité du 17 juin 1840, art. 35.
45	1er au 31.	Conservateur des forêts.	Etat des centimes départementaux et communaux imposés sur les propriétés de l'Etat ou de la couronne pour l'entretien des chemins vicinaux.	Circ. du 26 février 1838.
46	5 au 31.	Receveurs des finances.	Rôles auxiliaires des sommes dues par les fermiers.	Circ. n° 51.
47	5 au 31.	Recev. général.	Etat indiquant, par perception et par commune, les noms des redevables et la somme à recouvrer pour le paiement des frais d'impression et de confection des rôles auxiliaires des sommes dues par les fermiers.	Circ. n° 51.
48	5 au 31.	Administration, 1re div., 2e bur.	Copie de la récapitulation, par arrondissement, de l'état des sommes à recouvrer pour le paiement des frais d'impression et de confection des rôles auxiliaires des sommes dues par les fermiers.	Circ. n° 51.

Mois de Janvier.

Nos d'ordre. 1	DATES DES ENVOIS. 2	QUALITÉS des DESTINATAIRES. 3.	NATURE DES PIÈCES A TRANSMETTRE. 4	INDICATION des RÈGLEMENTS, INSTRUCTIONS et circulaires en vertu desquels les envois doivent être faits. 5
49	31.	Administration, 2e division.	Rapports de l'inspecteur sur le service général.	Circ. nos 94, 317.

Mois de Janvier.				
Nos d'ordre.	DATES DES ENVOIS.	QUALITÉS des DESTINATAIRES.	NATURE DES PIÈCES A TRANSMETTRE.	INDICATION des RÈGLEMENTS, INSTRUCTIONS et circulaires en vertu desquels les envois doivent être faits.
1	2	3	4	5

Mois de Janvier.

Nos d'ordre.	DATES DES ENVOIS.	QUALITÉS des DESTINATAIRES.	NATURE DES PIÈCES A TRANSMETTRE.	INDICATION des RÈGLEMENTS, INSTRUCTIONS et circulaires en vertu desquels les envois doivent être faits.
1	2	3	4	5

Mois de Février.

Nos d'ordre. 1	DATES DES ENVOIS. 2	QUALITÉS des DESTINATAIRES. 3	NATURE DES PIÈCES A TRANSMETTRE. 4	INDICATION des RÉGLEMENTS, INSTRUCTIONS et circulaires en vertu desquels les envois doivent être faits. 5
1	1er.	Recev. général.	Ordonnances de dégrèvement signées par le préfet pendant la quinzaine précédente.	Inst. gén. sur la comptabilité du 17 juin 1840, art. 147.
			Bordereau énonciatif des ordonnances y annexées.	*Idem.*
2	1er.	Payeur.	Communication des mandats de paiement pour traitements fixes et pour frais de tournées payables hors du chef-lieu.	Règl. minist. du 26 janv. 1846, art. 128.
			Bordereau des mandats délivrés.	*Idem*, art. 127 et 128.
3	1er au 5.	Inspect.-contrôl.	Mandats de paiement pour traitements fixes et pour frais de tournées.	Règl. minist. du 26 janv. 1846, art. 126.
4	1er au 5.	Administration, 2e division.	Relevé des mandats délivrés pendant le mois de janvier pour traitements fixes, frais de tournées et de bureau, et pour dépenses imprévues.	Circ. autographiée du 23 avril 1816.
5	1er au 5.	Inspect.-contrôl.	Doubles des relevés sommaires des opérations exécutées par l'inspecteur et par les contrôleurs pendant le mois de janvier, revêtus des observations du directeur.	Circ. du 14 février 1827.

Mois de Février.

Nos d'ordre. 1	DATES DES ENVOIS. 2	QUALITÉS des DESTINATAIRES. 3	NATURE DES PIÈCES A TRANSMETTRE. 4	INDICATION des RÈGLEMENTS, INSTRUCTIONS et circulaires en vertu desquels les envois doivent être faits. 5
6	1er au 10.	Administration, 1re div., 2e bur.	Etats de situation des dépenses et crédits de l'exercice antérieur et de l'exercice courant.	Circ. nos 103, 115, 210, 312, 313.
			Etat des décharges et réductions prononcées sur la taxe des biens de main-morte.	Circ. no 199 et lettre-circ. du 25 septembre 1819.
7	1er au 10.	Ministre.	Etats de situation des crédits délégués des droits constatés, des mandats délivrés et des paiements effectués au dernier jour du mois de janvier, pour l'exercice antérieur et pour l'exercice courant.	Régl. minist. du 26 janv. 1846, art. 211 et 212.
			Etat détaillé des droits constatés pour traitements fixes.	*Idem*, art. 213, et circ. minist. du 1 août 1848, no 403.
8	15.	Administration, 2e division.	Etat de situation de l'application des mutations sur les matrices cadastrales des communes.	Circ. nos 19, 190, 212, 238, 219, 263, 282, 309, et inst. du 18 décembre 1853, art. 147.
9	15.	Recev. général.	Etat des matrices cadastrales réintégrées dans les mairies depuis la précédente situation.	Inst. du 18 décemb. 1853, art. 147.
10	15.	Recev. général.	Ordonnances de dégrèvement signées par le préfet pendant la quinzaine précédente.	Inst. gén. sur la comptabilité du 17 juin 1840, art. 147.
			Bordereau énonciatif des ordonnances y annexées.	*Idem*.

Mois de Février.

Nos d'ordre. 1	DATES DES ENVOIS. 2	QUALITÉS des DESTINATAIRES. 3	NATURE DES PIÈCES A TRANSMETTRE. 4	INDICATION des RÈGLEMENTS, INSTRUCTIONS et circulaires en vertu desquels les envois doivent être faits. 5
11	1er au 28.	Administration, 1re div., 2e bur.	Bordereau général des pertes éprouvées pendant l'année précédente et des dégrèvements à accorder sur le fonds de non-valeurs des contributions foncière, personnelle et mobilière et des portes et fenêtres.	Circ. nos 18, 62, 112, 149, 166, 221, 240, 265, 284, 312, 321, 343.
			Facture de l'imprimeur, sur papier timbré, relative à la fourniture des procès-verbaux de pertes, des lettres d'avis aux contribuables pour remise ou modération et pour cause d'irrécouvrabilité et des bordereaux d'envoi aux maires.	Circ. nos 102, 192, 221.
			Liste des agents qui ont pris part à la vérification, présentant le décompte des sommes qui leur sont acquises pour frais de constatation des pertes collectives causées par des événements extraordinaires.	Circ. no 367.
12	1er au 28.	Préfet.	Copie du bordereau général des pertes éprouvées pendant l'année précédente et des dégrèvements à accorder sur le fonds de non-valeurs des contributions foncière, personnelle-mobilière et des portes et fenêtres.	Circ. no 221.
13	28.	Administration, 2e division.	Rapports de l'inspecteur sur le service général.	Circ. nos 94, 317.

Mois de Février.

Nos d'ordre.	DATES DES ENVOIS.	QUALITÉS des DESTINATAIRES.	NATURE DES PIÈCES A TRANSMETTRE.	INDICATION des RÈGLEMENTS, INSTRUCTIONS et circulaires en vertu desquels les envois doivent être faits.
1	2	3	4	5

Mois de Février.

Nos d'ordre.	DATES DES ENVOIS.	QUALITÉS des DESTINATAIRES.	NATURE DES PIÈCES A TRANSMETTRE.	INDICATION des RÈGLEMENTS, INSTRUCTIONS et circulaires en vertu desquels les envois doivent être faits.
1	2	3	4	5

Mois de Février.				
Nos d'ordre.	DATES DES ENVOIS.	QUALITÉS des DESTINATAIRES.	NATURE DES PIÈCES A TRANSMETTRE.	INDICATION des RÈGLEMENTS, INSTRUCTIONS et circulaires en vertu desquels les envois doivent être faits.
1	2	3	4	5

Mois de Mars.

Nos d'ordre. 1	DATES DES ENVOIS. 2	QUALITÉS des DESTINATAIRES. 3	NATURE DES PIÈCES A TRANSMETTRE. 4	INDICATION des RÈGLEMENTS, INSTRUCTIONS et circulaires en vertu desquels les envois doivent être faits. 5
1	1er.	Administration, 2e division.	Etat final de situation de l'application des mutations sur les matrices cadastrales des communes.	Circ. nos 49, 190, 212, 238, 249, 263, 282, 309, et inst. du 18 décembre 1853, art. 147.
2	1er.	Recev. général.	Etat indiquant la réintégration dans les mairies des dernières matrices cadastrales.	Inst. du 18 décemb. 1853, art. 147.
3	1er.	Recev. général.	Ordonnances de dégrèvement signées par le préfet pendant la quinzaine précédente.	Inst. gén. sur la comptabilité du 17 juin 1840, art. 147.
			Bordereau énonciatif des ordonnances y annexées.	Idem.
4	1er.	Payeur.	Communication des mandats de paiement pour traitements fixes et pour frais de tournées, payables hors du chef-lieu.	Règl. minist. du 26 janv. 1846, art. 126.
			Bordereau des mandats délivrés.	Idem, art. 127 et 128.
5	1er au 5.	Inspect.-contrôl.	Mandats de paiement pour traitements fixes et pour frais de tournées.	Règl. minist. du 26 janvier 1846, art. 126.
6	1er au 5.	Administration, 2e division.	Relevé des mandats délivrés pendant le mois de février pour traitements fixes, frais de tournées et de bureau, et pour dépenses imprévues.	Circ. autographiée du 23 avril 1846.
7	1er au 5.	Inspect.-contrôl.	Doubles des relevés sommaires des opérations exécutées par l'inspecteur et par les contrôleurs pendant le mois de février, revêtus des observations du directeur.	Circ. du 14 février 1827.

Mois de Mars.

Nos d'ordre. 1	DATES DES ENVOIS. 2	QUALITÉS des DESTINATAIRES. 3	NATURE DES PIÈCES A TRANSMETTRE. 4	INDICATION des RÈGLEMENTS, INSTRUCTIONS et circulaires en vertu desquels les envois doivent être faits. 5
8	1er au 10.	Administration, 1re div., 2e bur.	Etats de situation des dépenses et crédits de l'exercice antérieur et de l'exercice courant.	Circ. nos 103, 115, 210, 312, 343.
			Etat des décharges et réductions prononcées sur la taxe des biens de main-morte.	Circ. n° 199 et lettre-circ. du 25 septembre 1849.
9	1er au 10.	Ministre.	Etats de situation des crédits délégués, des droits constatés, des mandats délivrés et des paiements effectués au dernier jour du mois de février, pour l'exercice antérieur et pour l'exercice courant.	Régl. minist. du 26 janvier 1840, art. 211 et 212.
			Etat détaillé des droits constatés pour traitements fixes.	*Idem*, art. 213 et circ. minist. du 4 août 1848, n° 403.
10	1er au 10.	Administration, 1re div., 2e bur.	Etat du montant des rôles spéciaux émis depuis le 20 décembre jusqu'au 28 février.	Circ. des 20 août 1829, 28 fév. 1834, 26 mai 1837, 8 fév. et 21 mai 1838, 3 avril 1840, et nos 72, 261, 341, 358.
			Résumé définitif, en double expédition, des rôles du dernier exercice.	Circ. du 21 mai 1838, et nos 15, 261, 311, 358.
11	15.	Recev. général.	Ordonnances de dégrèvement signées par le préfet pendant la quinzaine précédente.	Inst. gén. sur la comptabilité du 17 juin 1840, art. 147.
			Bordereau énonciatif des ordonnances y annexées.	*Idem*.

Mois de Mars.

Nos d'ordre. 1	DATES DES ENVOIS. 2	QUALITÉS des DESTINATAIRES. 3	NATURE DES PIÈCES A TRANSMETTRE. 4	INDICATION des RÈGLEMENTS, INSTRUCTIONS et circulaires en vertu desquels les envois doivent être faits. 5
12	1er au 31.	Directeur de l'enregist.	Feuilles de mutations de la dernière tournée et états de situation ancienne et nouvelle.	Inst. du 18 décemb. 1853, art. 159 et 160.
13	1er au 31.	Préfet.	Rôles de la taxe municipale sur les chiens pour être soumis à l'homologation.	Circ. minist. du 26 septembre 1855, art. 5.
14	1er au 31.	Receveurs des finances.	Rôles et avertissements de la taxe municipale sur les chiens.	Circ. minist. du 26 septembre 1855, art. 5.
			Feuille d'émargement constatant la remise de ces pièces aux percepteurs.	Circ. du 28 novemb. 1828, et inst. gén. sur la comptabilité du 17 juin 184[illegible], art. 35.
15	1er au 31.	Administration, 1re div., 2e bur.	État sommaire du montant des rôles de la taxe municipale sur les chiens.	Circ. n° 312 et inst. minist. du 26 septembre 1855 y annexée, art. 5
16	1er au 31.	Préfet.	Copie de l'état du montant des rôles de la taxe municipale sur les chiens.	Circ. n° 312, et inst. minist. du 26 septembre y annexée, art. 5.
			État indiquant par arrondissement, et dans l'ordre des perceptions, le montant des sommes dues par les communes pour les frais d'impression des matrices et pour les frais d'impression et de confection des rôles et des avertissements.	*Idem.*
17	1er au 31.	Administration, 1re div., 1er bur.	État détaillé des propriétés non bâties devenues imposables ou ayant cessé de l'être.	Circ. nos 81, 146.
			Feuilles de mutations constatant les additions et les suppressions de matière imposable.	*Idem.*
18	31.	Administration, 2e division.	Rapports de l'inspecteur sur le service général.	Circ. nos 94 [illegible] 7.

Mois de Mars.				
Nos d'ordre.	DATES DES ENVOIS.	QUALITÉS des DESTINATAIRES.	NATURE DES PIÈCES A TRANSMETTRE.	INDICATION des RÈGLEMENTS, INSTRUCTIONS et circulaires en vertu desquels les envois doivent être faits.
1	2	3	4	5

Mois de Mars.

Nos d'ordre.	DATES DES ENVOIS.	QUALITÉS des DESTINATAIRES.	NATURE DES PIÈCES A TRANSMETTRE.	INDICATION des RÈGLEMENTS, INSTRUCTIONS et circulaires en vertu desquels les envois doivent être faits.
1	2	3	4	5

Mois de Mars.				
Nos d'ordre.	DATES DES ENVOIS.	QUALITÉS des DESTINATAIRES.	NATURE DES PIÈCES A TRANSMETTRE.	INDICATION des RÈGLEMENTS, INSTRUCTIONS et circulaires en vertu desquels les envois doivent être faits.
1	2	3	4	5

Mois d'Avril.

Nos d'ordre. 1	DATES DES ENVOIS. 2	QUALITÉS des DESTINATAIRES. 3	NATURE DES PIÈCES A TRANSMETTRE. 4	INDICATION des RÈGLEMENTS, INSTRUCTIONS et circulaires en vertu desquels les envois doivent être faits. 5
1	1er.	Recev. général.	Imprimés pour extraits des cahiers de notes des percepteurs.	Inst. du 18 décemb. 1858, art. 23 et 150.
2	1er.	Recev. général.	Ordonnances de dégrèvement signées par le préfet pendant la quinzaine précédente.	Inst. gén. sur la comptabilité du 17 juin 1840, art. 147.
			Bordereau énonciatif des ordonnances y annexées.	*Idem.*
3	1er.	Payeur.	Communication des mandats de paiement pour traitements fixes et pour frais de tournées, payables hors du chef-lieu.	Règl. minist. du 26 janv. 1846, art. 128.
			Bordereau des mandats délivrés.	*Idem*, art. 127 et 128.
4	1er au 5.	Inspect.-contrôl.	Mandats de paiement pour traitements fixes et pour frais de tournées.	Règl. minist. du 26 janv. 1846, art. 126.
5	1er au 5.	Administration, 2e division.	Relevé des mandats délivrés pendant le mois de mars pour traitements fixes, frais de tournées et de bureau, et pour dépenses imprévues.	Circ. autographiée du 23 avril 1846.
6	1er au 5.	Administration, 2e division.	Relevé sommaire des opérations exécutées par l'inspecteur pendant le trimestre expiré.	Circ. n° 317.
7	1er au 5.	Inspect.-contrôl.	Doubles des relevés sommaires des opérations exécutées par l'inspecteur et par les contrôleurs pendant le mois de mars, revêtus des observations du directeur.	Circ. du 14 février 1827.

Mois d'Avril.

Nos d'ordre. 1	DATES DES ENVOIS. 2	QUALITÉS des DESTINATAIRES. 3	NATURE DES PIÈCES A TRANSMETTRE. 4	INDICATION des RÈGLEMENTS, INSTRUCTIONS et circulaires en vertu desquels les envois doivent être faits. 5
8	1er au 10.	Administration, 1re div., 2e bur.	Etats du montant des rôles spéciaux de toute nature émis pendant le trimestre précédent.	Circ. des 20 août 1829, 28 février 1834, 26 mai 1837, 8 février et 21 mai 1838, 3 avril 1840, et nos 72, 261.
			Résumé, en double expédition, des rôles émis jusqu'au 25 mars.	Circ. du 21 mai 1838, et nos 15, 261.
			Tableau récapitulatif, par nature d'établissement, des renseignements administratifs concernant les biens de main-morte.	Circ. nos 199, 225.
9	1er au 10.	Administration, 1re div., 2e bur.	Etats de situation des dépenses et crédits de l'exercice antérieur et de l'exercice courant.	Circ. nos 103, 115, 210, 312, 343.
			Etat des décharges et réductions prononcées sur la taxe des biens de main-morte.	Circ. no 199, et lettre-circ. du 25 septembre 1849.
10	1er au 10.	Administration, 1re div., 2e bur.	Etat trimestriel sommaire du montant des rôles de prestation du 1er trimestre ou certificat négatif.	Circ. du 8 mai 1841, et no 10.
11	1er au 10.	Administration, 2e division.	Etats de situation de l'instruction des réclamations de toute nature de l'exercice antérieur et de l'exercice courant.	Circ. nos 4, 111, 253, 314, 321, 344.
12	1er au 10.	Ministre.	Etats de situation des crédits délégués, des droits constatés, des mandats délivrés et des paiements effectués au dernier jour du mois de mars, pour l'exercice antérieur et pour l'exercice courant.	Règl. minist. du 26 janv. 1846, art. 211 et 112.
			Etat détaillé des droits constatés pour traitements fixes.	*Idem*, art. 213, et circ. minist. du 4 août 1848, no 103.
13	1er au 10.	Recev. général.	Communication des itinéraires des contrôleurs pour la tournée générale des mutations.	Circ. nos 34, 74, 117, 118, 177, 200, 224, 249, 273, 293, et inst. du 18 décemb. 1853, art. 9 et 13.

Mois d'Avril.

Nos d'ordre. 1	DATES DES ENVOIS. 2	QUALITÉS des DESTINATAIRES. 3	NATURE DES PIÈCES A TRANSMETTRE. 4	INDICATION des RÈGLEMENTS, INSTRUCTIONS et circulaires en vertu desquels les envois doivent être faits. 5
14	15.	Recev. général.	Ordonnances de dégrèvement signées par le préfet pendant la quinzaine précédente.	Inst. gén. sur la comptabilité du 17 juin 1840, art. 147.
			Bordereau énonciatif des ordonnances y annexées.	*Idem.*
15	1er au 20.	Recev. général.	Copie des itinéraires des contrôleurs pour la tournée générale des mutations.	Circ. nos 34, 74, 117, 148, 177, 200, 224, 249, 273, 293, et inst. du 18 décembre 1853, art. 10 et 13.
16	1er au 20.	Inspect.-contrôl.	Doubles et copies des itinéraires des contrôleurs pour la tournée générale des mutations, arrêtés par le directeur.	Circ. nos 34, 74, 117, 148, 177, 200, 224, 249, 273, 293, et inst. du 18 décembre 1853, art. 11, 13 et 148.
17	1er au 20.	Inspecteur.	Etat des communes dont les contrôleurs ont été autorisés à ne parcourir que partiellement le territoire.	Inst. du 18 décemb. 1853, art. 13 et 148.
18	1er au 20.	Contrôleurs.	Imprimés désignés ci-après pour la tournée générale des mutations et des patentes :	Circ. no 46, inst. du 10 juil. 1850, art. 36 et 38; inst. du 18 décemb. 1853, art. 11, 92 et 150, et circ. no 357.
			1° Etats des changements à opérer aux relevés sommaires des biens de main-morte;	Inst. du 18 décemb. 1853, art. 11 et 150.
			2° Etats des constructions et démolitions;	*Idem.*
			3° Etats des changements concernant la contribution des portes et fenêtres;	*Idem.*
			4° Etats des changements concernant la contribution personnelle et mobilière;	*Idem.*
			5° Matrices primitives et supplémentaires des patentes;	*Idem.*
			6° Etats-matrices des prestations;	*Idem*, art. 11.
			7° Listes des patentables indigents.	Inst. du 10 juillet 1850, art. 36, inst. du 18 décemb. 1853, art. 92, et circ. no 357.

Mois d'Avril.

Nos d'ordre. 1	DATES DES ENVOIS. 2	QUALITÉS des DESTINATAIRES. 3	NATURE DES PIÈCES A TRANSMETTRE. 4	INDICATION des RÈGLEMENTS, INSTRUCTIONS et circulaires en vertu desquels les envois doivent être faits. 5
19	1er au 30.	Contrôleurs.	Etats des parties de routes délaissées ou abandonnées, ainsi que des parcelles acquises pour le service de la grande voirie et restées sans emploi.	Circ. minist. du 5 novembre 1851, annexée à la circ. n° 276.
			Etats des parcelles dont les propriétaires ont été dépossédés pour la construction et l'élargissement des routes.	*Idem.*
20	1er au 30.	Administration, 1re div., 1er bur.	Tableau des communes dans lesquelles le travail des patentes ne doit avoir lieu qu'après le 1er octobre (au-dessus de cent patentés ou ayant un principal supérieur à 999 fr.).	Cir. nos 117, 148, et inst. du 18 décembre 1853, art. 5.
21	1er au 30.	Contrôleurs.	Etat des chefs d'école entrés en exercice pendant le 1er trimestre, fourni par le recteur.	Règl. du 27 novemb. 1831, art. 37, et circ. n° 244.
22	1er au 30.	Contrôleurs.	Etats nominatifs des individus ayant fait, pendant le 1er trimestre, des déclarations de commencer et de cesser.	Circ. des 16 et 22 février 1836.
23	30.	Administration, 2e division.	Rapports de l'inspecteur sur le service général.	Circ. nos 94, 317.

Mois d'Avril.

Nos d'ordre. 1	DATES DES ENVOIS. 2	QUALITÉS des DESTINATAIRES. 3	NATURE DES PIÈCES A TRANSMETTRE. 4	INDICATION des RÈGLEMENTS, INSTRUCTIONS et circulaires en vertu desquels les envois doivent être faits. 5

Mois d'Avril.

Nos d'ordre.	DATES DES ENVOIS.	QUALITÉS des DESTINATAIRES.	NATURE DES PIÈCES A TRANSMETTRE.	INDICATION des RÈGLEMENTS, INSTRUCTIONS et circulaires en vertu desquels les envois doivent être faits.
1	2	3	4	5

Mois de Mai.

Nos d'ordre. 1	DATES DES ENVOIS. 2	QUALITÉS des DESTINATAIRES. 3	NATURE DES PIÈCES A TRANSMETTRE. 4	INDICATION des RÈGLEMENTS, INSTRUCTIONS et circulaires en vertu desquels les envois doivent être faits. 5
1	1er.	Recev. général.	Ordonnances de dégrèvement signées par le préfet pendant la quinzaine précédente.	Inst. gén. sur la comptabilité du 17 juin 1840, art. 147.
			Bordereau énonciatif des ordonnances y annexées.	*Idem.*
2	1er.	Payeur.	Communication des mandats de paiement pour traitements fixes et pour frais de tournées payables hors du chef-lieu.	Règl. minist. du 26 janv. 1846, art. 128.
			Bordereau des mandats délivrés.	*Idem*, art. 127 et 128.
3	1er au 5.	Inspect.-contrôl.	Mandats de paiement pour traitements fixes et pour frais de tournées.	Règl. minist. du 26 janv. 1846, art. 126.
4	1er au 5.	Administration, 2e division.	Relevé des mandats délivrés pendant le mois d'avril pour traitements fixes, frais de tournées et de bureau, et pour dépenses imprévues.	Circ. autographiée du 23 avril 1846.
5	1er au 5.	Inspect.-contrôl.	Doubles des relevés sommaires des opérations exécutées par l'inspecteur et par les contrôleurs pendant le mois d'avril, revêtus des observations du directeur.	Circ. du 14 février 1827.

Mois de Mai.

Nos d'ordre. 1	DATES DES ENVOIS. 2	QUALITÉS des DESTINATAIRES. 3	NATURE DES PIÈCES A TRANSMETTRE. 4	INDICATION des RÈGLEMENTS, INSTRUCTIONS et circulaires en vertu desquels les envois doivent être faits. 5
6	1er au 10.	Administration, 1re div., 2e bur.	Etats de situation des dépenses et crédits de l'exercice antérieur et de l'exercice courant.	Circ. nos 103, 115, 210, 312, 313.
			Etat des décharges et réductions prononcées sur la taxe des biens de main-morte.	Circ. no 193, et lettre-circ. du 25 septemb. 1849.
7	1er au 10.	Ministre.	Etats de situation des crédits délégués, des droits constatés, des mandats délivrés et des paiements effectués au dernier jour du mois d'avril, pour l'exercice antérieur et pour l'exercice courant.	Règl. minist. du 26 janv. 1846, art. 211 et 212.
			Etat détaillé des droits constatés pour traitements fixes.	Règl. minist. du 26 janv. 1846, art. 213, et circ. minist. du 4 août 1848, no 403.
8	1er au 15.	Préfet.	Rôles supplémentaires des patentes du 1er trimestre, pour être soumis à l'homologation.	Circ. nos 72, 147, 235.
9	1er au 15.	Receveurs des finances.	Rôles supplémentaires, avertissements et formules des patentes du 1er trimestre.	Circ. nos 72, 147, 235.
			Feuille d'émargement constatant la remise de ces pièces aux percepteurs.	Circ. du 28 novemb. 1828 et inst. gén. sur la comptabilité du 17 juin 1840, art. 35.
10	1er au 15.	Préfet, recev. général.	Copie de l'état du montant des rôles supplémentaires des patentes du 1er trimestre.	Circ. des 20 août 1829, 26 mai 1837, et nos 235, 358.
11	1er au 15.	Administration, 1re div., 2e bur.	Avis d'émission des rôles supplémentaires des patentes du 1er trimestre.	Circ. nos 235, 261.

Mois de Mai.

Nos d'ordre. 1	DATES DES ENVOIS. 2	QUALITÉS des DESTINATAIRES. 3	NATURE DES PIÈCES A TRANSMETTRE. 4	INDICATION des RÈGLEMENTS, INSTRUCTIONS et circulaires en vertu desquels les envois doivent être faits. 5
12	15.	Recev. général.	Ordonnances de dégrèvement signées par le préfet pendant la quinzaine précédente.	Inst. gén. sur la comptabilité du 17 juin 1840, art. 147.
			Bordereau énonciatif des ordonnances y annexées.	*Idem.*
13	1er au 31.	Administration, 2e division.	Compte administratif de gestion de la direction et états ci-après :	Circ. nos 310, 332, 337.
			1° Etat comparatif des patentes ;	(Voir janvier no 16).
			2° Etat comparatif des réclamations ;	Circ. nos 310, 311.
			3° Etat des omissions sur les avertissements de la date de la publication des rôles ;	Circ. nos 17, 256, 278.
			4° Etat des dégrèvements demandés et accordés sur les états de cotes irrécouvrables ;	Circ. nos 216, 248, et 1 décembre 1851.
			5° Etat des dégrèvements demandés et accordés sur les états de cotes indûment imposées.	Circ. no 258.
14	1er au 31.	Administration, 2e division.	Rapports de l'inspecteur sur l'application des mutations sur les matrices cadastrales et générales des communes.	Circ. nos 263, 317.
			Tableaux des erreurs relevées. (No 4.)	Circ. no 317.

Mois de Mai.

Nos d'ordre. 1	DATES DES ENVOIS. 2	QUALITÉS des DESTINATAIRES. 3	NATURE DES PIÈCES A TRANSMETTRE. 4	INDICATION des RÈGLEMENTS, INSTRUCTIONS et circulaires en vertu desquels les envois doivent être faits. 5
15	31.	Contrôleurs.	Extraits du compte de gestion, en ce qui concerne les comparaisons faites entre les divers travaux des contrôleurs, avec des observations et des explications propres à fixer l'attention des contrôleurs sur les points qui réclament plus spécialement leurs soins.	Circ. nº 332.
16	31.	Administration, 2e division.	Rapports de l'inspecteur sur le service général.	Circ. nos 91, 317.

Mois de Mai.

Nos d'ordre.	DATES DES ENVOIS.	QUALITÉS des DESTINATAIRES.	NATURE DES PIÈCES A TRANSMETTRE.	INDICATION des RÈGLEMENTS, INSTRUCTIONS et circulaires en vertu desquels les envois doivent être faits.
1	2	3	4	5

Mois de Mai.

Nos d'ordre.	DATES DES ENVOIS.	QUALITÉS des DESTINATAIRES.	NATURE DES PIÈCES A TRANSMETTRE.	INDICATION des RÈGLEMENTS, INSTRUCTIONS et circulaires en vertu desquels les envois doivent être faits.
1	2	3	4	5

Mois de Juin.

Nos d'ordre. 1	DATES DES ENVOIS. 2	QUALITÉS des DESTINATAIRES. 3	NATURE DES PIÈCES A TRANSMETTRE. 4	INDICATION des RÈGLEMENTS, INSTRUCTIONS et circulaires en vertu desquels les envois doivent être faits. 5
1	1er.	Administration, 2e division.	Etat de situation des travaux relatifs à la tournée des mutations et des patentes.	Circ. nos 31, 74, 106, 117, 148, 177, 200, 221, 273, et inst. du 18 décembre 1853, art. 129.
2	1er.	Administration, 1re div., 2e bur.	Etat de situation des travaux relatifs à la confection des rôles de prestation.	Circ. des 28 février 1838 et 12 février 1839.
3	1er.	Recev. général.	Ordonnances de dégrèvement signées par le préfet pendant la quinzaine précédente.	Inst. gén. sur la comptabilité du 17 juin 1840, art. 147.
			Bordereau énonciatif des ordonnances y annexées.	*Idem.*
4	1er.	Payeur.	Communication des mandats de paiement pour traitements fixes et pour frais de tournées payables hors du chef-lieu.	Règl. minist. du 26 janv. 1846, art. 128.
			Bordereau des mandats délivrés.	*Idem*, art. 127 et 128.
5	1er au 5.	Inspect.-contrôl.	Mandats de paiement pour traitements fixes et pour frais de tournées.	Règl. minist. du 26 janv. 1846, art. 126.
6	1er au 5.	Administration, 2e division.	Relevé des mandats délivrés pendant le mois de mai pour traitements fixes, frais de tournées et de bureau, et pour dépenses imprévues.	Circ. autographiée du 23 avril 1846.
7	1er au 5.	Inspect.-contrôl.	Doubles des relevés sommaires des opérations exécutées par l'inspecteur et par les contrôleurs pendant le mois de mai, revêtus des observations du directeur.	Circ. du 14 février 1827.

Mois de Juin.

Nos d'ordre. 1	DATES DES ENVOIS. 2	QUALITÉS des DESTINATAIRES. 3	NATURE DES PIÈCES A TRANSMETTRE. 4	INDICATION des RÈGLEMENTS, INSTRUCTIONS et circulaires en vertu desquels les envois doivent être faits. 5
8	1er au 10.	Administration, 1re div., 2e bur.	Etats de situation des dépenses et crédits de l'exercice antérieur et de l'exercice courant.	Circ. nos 103, 115, 210, 312, 313.
			Etat des décharges et réductions prononcées sur la taxe des biens de main-morte.	Circ. no 199 et lettre-circ. du 25 septembre 1849.
9	1er au 10.	Ministre.	Etats de situation des crédits délégués, des droits constatés, des mandats délivrés et des paiements effectués au dernier jour du mois de mai pour l'exercice antérieur et pour l'exercice courant.	Règl. minist. du 26 janv. 1846, art. 211 et 212.
			Etat détaillé des droits constatés pour traitements fixes.	*Idem*. art. 213 et circ. minist. du 4 août 1848, no 403.
10	1er au 15.	Recev. général.	Imprimés pour la formation des matrices de la taxe municipale sur les chiens du 1er semestre.	Circ. no 312, inst. minist. du 26 septembre 1855 y annexée, art. 3, et circ. minist. du 19 mai 1856.
11	15.	Recev. général.	Ordonnances de dégrèvement signées par le préfet pendant la quinzaine précédente.	Inst. gén. sur la comptabilité du 17 juin 1840, art. 147.
			Bordereau énonciatif des ordonnances y annexées.	*Idem*

Mois de Juin.

Nos d'ordre. 1	DATES DES ENVOIS. 2	QUALITÉS des DESTINATAIRES. 3	NATURE DES PIÈCES A TRANSMETTRE. 4	INDICATION des RÈGLEMENTS, INSTRUCTIONS et circulaires en vertu desquels les envois doivent être faits. 5
12	30.	Administration, 2e division.	Rapports de l'inspecteur sur le service général.	Circ. nos 94, 317.

Mois de Juin.

Nos d'ordre.	DATES DES ENVOIS.	QUALITÉS des DESTINATAIRES.	NATURE DES PIÈCES A TRANSMETTRE.	INDICATION des RÈGLEMENTS, INSTRUCTIONS et circulaires en vertu desquels les envois doivent être faits.
1	2	3	4	5

Mois de Juillet.

Nos d'ordre. 1	DATES DES ENVOIS. 2	QUALITÉS des DESTINATAIRES. 3	NATURE DES PIÈCES A TRANSMETTRE. 4	INDICATION des RÈGLEMENTS, INSTRUCTIONS et circulaires en vertu desquels les envois doivent être faits. 5
1	1er.	Recev. général.	Imprimés pour extraits des cahiers de notes des percepteurs.	Inst. du 18 décembre 1853, art. 23 et 150.
2	1er.	Administration, 2e division.	Etat de situation des travaux relatifs à la tournée des mutations et des patentes.	Circ. nos 34, 74, 106, 117, 148, 177, 200, 224, 273, et inst. du 18 décembre 1853, art. 129.
3	1er.	Administration, 1re div., 2e bur.	Etat de situation des travaux relatifs à la confection des rôles de prestation.	Circ. des 28 février 1838 et 12 février 1839.
4	1er.	Recev. général.	Ordonnances de dégrèvement signées par le préfet pendant la quinzaine précédente.	Inst. gén. sur la comptabilité du 17 juin 1840, art. 147.
			Bordereau énonciatif des ordonnances y annexées.	*Idem.*
5	1er.	Payeur.	Communication des mandats de paiement pour traitements fixes et pour frais de tournées, payables hors du chef-lieu.	Règl. minist. du 26 janv. 1816, art. 128.
			Bordereau des mandats délivrés.	*Idem*, art. 127 et 128.
6	1er au 5.	Inspect.-contrôl.	Mandats de paiement pour traitements fixes et pour frais de tournées.	Règl. minist. du 26 janv. 1846, art. 126.
7	1er au 5.	Administration, 2e division.	Relevé des mandats délivrés pendant le mois de juin pour traitements fixes, frais de tournées et de bureau, et pour dépenses imprévues.	Circ. autographiée du 28 avril 1846.
8	1er au 5.	Administration, bureau central et du personnel.	Feuilles individuelles semestrielles pour tous les agents de la direction. (Il n'en faut point pour le directeur, et celle de l'inspecteur doit être rédigée en double expédition.)	Circ. du 29 avril 1842, et nos 194, 333.

Mois de Juillet.

Nos d'ordre. 1	DATES DES ENVOIS. 2	QUALITÉS des DESTINATAIRES. 3	NATURE DES PIÈCES A TRANSMETTRE. 4	INDICATION des RÈGLEMENTS, INSTRUCTIONS et circulaires en vertu desquels les envois doivent être faits. 5
9	1er au 5.	Administration, 2e division.	Relevé sommaire des opérations exécutées par l'inspecteur pendant le trimestre expiré.	Circ. n° 317.
10	1er au 5.	Inspect.-contrôl.	Doubles des relevés sommaires des opérations exécutées par l'inspecteur et par les contrôleurs pendant le mois de juin, revêtus des observations du directeur.	Circ. du 14 février 1827.
11	1er au 10.	Administration, 1re div., 2e bur.	Etats du montant des rôles spéciaux de toute nature, émis pendant le trimestre précédent.	Circ. des 20 août 1829, 28 février 1834, 26 mai 1837, 8 février et 21 mai 1838, 3 avril 1840, et nos 72, 261.
			Résumé, en double expédition, des rôles émis jusqu'au 25 juin.	Circ. du 21 mai 1838, et nos 15, 261.
12	1er au 10.	Administration, 1re div., 2e bur.	Etats de situation des dépenses et crédits de l'exercice antérieur et de l'exercice courant.	Circ. nos 103, 115, 210, 312, 343.
			Etat des décharges et réductions prononcées sur la taxe des biens de main-morte.	Circ. n° 199 et lettre-circ. du 25 septembre 1849.
13	1er au 10.	Administration, 1re div., 2e bur.	Etat trimestriel sommaire du montant des rôles de prestation du 2e trimestre ou certificat négatif.	Circ. du 3 mai 1841 et n° 10.
14	1er au 10.	Administration, 2e division.	Etats de situation de l'instruction des réclamations de toute nature de l'exercice antérieur et de l'exercice courant.	Circ. nos 1, 111, 253, 314, 321, 344.
15	1er au 10.	Ministre.	Etats de situation des crédits délégués, des droits constatés, des mandats délivrés et des paiements effectués au dernier jour du mois de juin pour l'exercice antérieur et pour l'exercice courant.	Règl. minist. du 26 janv. 1846, art. 211 et 212.
			Etat détaillé des droits constatés pour traitements fixes.	*Idem*, art. 213 et circ. minist. du 4 août 1848, n° 403.

Mois de Juillet.

Nos d'ordre. 1	DATES DES ENVOIS. 2	QUALITÉS des DESTINATAIRES. 3	NATURE DES PIÈCES A TRANSMETTRE. 4	INDICATION des RÈGLEMENTS, INSTRUCTIONS et circulaires en vertu desquels les envois doivent être faits. 5
16	15.	Recev. général.	Ordonnances de dégrèvement signées par le préfet pendant la quinzaine précédente.	Inst. gén. sur la comptabilité du 17 juin 1840, art. 147.
			Bordereau énonciatif des ordonnances y annexées.	*Idem.*
17	1er au 31.	Préfet.	Rôles de la taxe municipale sur les chiens du 1er semestre, pour être soumis à l'homologation.	Circ. n° 342, circ. minist. du 26 septembre 1855 y annexée, art. 5, et circ. minist. du 19 mai 1856.
18	1er au 31.	Receveurs des finances.	Rôles et avertissements de la taxe municipale sur les chiens du 1er semestre.	Circ. n° 342, circ. minist. du 26 septembre 1855 y annexée, art. 5, et circ. minist. du 19 mai 1856.
			Feuille d'émargement constatant la remise de ces pièces aux percepteurs.	Circ. du 28 novembre 1828, et inst. gén. sur la comptabilité du 17 juin 1840, art. 35.
19	1er au 31.	Préfet.	Copie de l'état du montant des rôles de la taxe municipale sur les chiens émis pour le 1er semestre.	Circ. n° 342, circ. minist. du 26 septembre 1855 y annexée, art. 5, et circ. minist. du 19 mai 1856.
20	1er au 31.	Administration, 1re div., 2e bur.	Etat sommaire du montant des rôles de la taxe municipale sur les chiens émis pour le 1er semestre.	Circ. n° 342, circ. minist. du 26 septembre 1855 y annexée, art. 5, et circ. minist. du 19 mai 1856.
21	1er au 31.	Contrôleurs.	Etat des chefs d'école entrés en exercice pendant le 2e trimestre fourni par le recteur.	Règl. du 27 novemb. 1834, art. 37, et circ. n° 244.

Mois de Juillet.

Nos d'ordre. 1	DATES DES ENVOIS. 2	QUALITÉS des DESTINATAIRES. 3	NATURE DES PIÈCES A TRANSMETTRE. 4	INDICATION des RÈGLEMENTS, INSTRUCTIONS et circulaires en vertu desquels les envois doivent être faits. 5
22	1er au 31.	Contrôleurs.	Etats nominatifs des individus ayant fait, pendant le 2e trimestre, des déclarations de commencer et de cesser.	Circ. des 16 et 22 février 1836.
23	31.	Administration, 2e division.	Rapports de l'inspecteur sur le service général.	Circ. nos 91, 317.

Mois de Juillet.

Nos d'ordre.	DATES DES ENVOIS.	QUALITÉS des DESTINATAIRES.	NATURE DES PIÈCES A TRANSMETTRE.	INDICATION des RÈGLEMENTS, INSTRUCTIONS et circulaires en vertu desquels les envois doivent être faits.
1	2	3	4	5

Mois de Juillet.

Nos d'ordre.	DATES DES ENVOIS.	QUALITÉS des DESTINATAIRES.	NATURE DES PIÈCES A TRANSMETTRE.	INDICATION des RÈGLEMENTS, INSTRUCTIONS et circulaires en vertu desquels les envois doivent être faits.
1	2	3	4	5

Mois d'Août.

Nos d'ordre. 1	DATES DES ENVOIS. 2	QUALITÉS des DESTINATAIRES. 3	NATURE DES PIÈCES A TRANSMETTRE. 4	INDICATION des RÈGLEMENTS, INSTRUCTIONS et circulaires en vertu desquels les envois doivent être faits. 5
1	1er.	Administration, 2e division.	Etat de situation des travaux relatifs à la tournée des mutations et des patentes.	Circ. nos 31, 74, 106, 117, 148, 177, 200, 224, 273, et inst. du 18 décembre 1853, art. 129.
2	1er.	Administration, 1re div., 2e bur.	Etat de situation des travaux relatifs à la confection des rôles de prestation.	Circ. des 28 février 1838 et 12 février 1839.
3	1er.	Recev. général.	Ordonnances de dégrèvement signées par le préfet pendant la quinzaine précédente.	Inst. gén. sur la comptabilité du 17 juin 1840, art. 147.
			Bordereau énonciatif des ordonnances y annexées.	*Idem.*
4	1er.	Payeur.	Communication des mandats de paiement pour traitements fixes et pour frais de tournées payables hors du chef-lieu.	Règl. minist. du 26 janv. 1846, art. 128.
			Bordereau des mandats délivrés.	*Idem*, art. 127 et 128.
5	1er au 5.	Inspect.-contrôl.	Mandats de paiement pour traitements fixes et pour frais de tournées.	Règl. minist. du 26 janvier 1846, art. 126.
6	1er au 5.	Administration, 2e division.	Relevé des mandats délivrés pendant le mois de juillet pour traitements fixes, frais de tournées et de bureau, et pour dépenses imprévues.	Circ. autographiée du 23 avril 1846.
7	1er au 5.	Inspect.-contrôl.	Doubles des relevés sommaires des opérations exécutées par l'inspecteur et par les contrôleurs pendant le mois de juillet, revêtus des observations du directeur.	Circ. du 11 février 1827.

Mois d'Août.

Nos d'ordre.	DATES DES ENVOIS.	QUALITÉS des DESTINATAIRES.	NATURE DES PIÈCES A TRANSMETTRE.	INDICATION des RÈGLEMENTS, INSTRUCTIONS et circulaires en vertu desquels les envois doivent être faits.
1	2	3	4	5
8	1er au 10.	Administration, 1re div., 2e bur.	Etats de situation des dépenses et crédits de l'exercice antérieur et de l'exercice courant.	Circ. nos 103, 115, 210, 312, 313.
			Etat des décharges et réductions prononcées sur la taxe des biens de main-morte.	Circ. no 199 et lettre-circ. du 25 septembre 1849.
9	1er au 10.	Ministre.	Etats de situation des crédits délégués, des droits constatés, des mandats délivrés et des paiements effectués au dernier jour du mois de juillet, pour l'exercice antérieur et pour l'exercice courant.	Règl. minist. du 26 janv. 1816, art. 211 et 112.
			Etat détaillé des droits constatés pour traitements fixes.	*Idem*, art. 213, et circ. minist. du 4 août 1848, no 403.
10	1er au 15.	Préfet.	Rôles supplémentaires des patentes du 2e trimestre, pour être soumis à l'homologation.	Circ. nos 72, 147, 235.
11	1er au 15.	Receveurs des finances.	Rôles supplémentaires, avertissements et formules des patentes du 2e trimestre.	Circ. nos 72, 147, 235.
			Feuille d'émargement constatant la remise de ces pièces aux percepteurs.	Circ. du 28 novemb. 1828, et inst. gén. sur la comptabilité du 17 juin 1840, art. 35.
12	1er au 15.	Préfet, Recev. général.	Copie de l'état du montant des rôles supplémentaires des patentes du 2e trimestre.	Circ. des 20 août 1820, 26 mai 1837, et nos 235, 358.
13	1er au 15.	Administration, 1re div., 2e bur.	Avis d'émission des rôles supplémentaires des patentes du 2e trimestre.	Circ. nos 235, 261.

Mois d'Août.

Nos d'ordre. 1	DATES DES ENVOIS. 2	QUALITÉS des DESTINATAIRES. 3	NATURE DES PIÈCES A TRANSMETTRE. 4	INDICATION des RÈGLEMENTS, INSTRUCTIONS et circulaires en vertu desquels les envois doivent être faits. 5
14	15.	Recev. général.	Ordonnances de dégrèvement signées par le préfet pendant la quinzaine précédente.	Inst. gén. sur la comptabilité du 17 juin 1840, art. 147.
			Bordereau énonciatif des ordonnances y annexées.	*Idem.*
15	31.	Administration, 2e division.	Rapports de l'inspecteur sur le service général.	Circ. nos 94, 317.

Mois d'Août.				
Nos d'ordre.	DATES DES ENVOIS.	QUALITÉS des DESTINATAIRES.	NATURE DES PIÈCES A TRANSMETTRE.	INDICATION des RÈGLEMENTS, INSTRUCTIONS et circulaires en vertu desquels les envois doivent être faits.
1	2	3	4	5

Mois de Septembre.

Nos d'ordre. 1	DATES DES ENVOIS. 2	QUALITÉS des DESTINATAIRES. 3	NATURE DES PIÈCES A TRANSMETTRE. 4	INDICATION des RÈGLEMENTS, INSTRUCTIONS et circulaires en vertu desquels les envois doivent être faits. 5
1	1er.	Administration, 2e division.	Etat de situation des travaux relatifs à la tournée des mutations et des patentes.	Circ. nos 31, 74, 106, 117, 148, 177, 200, 224, 273, et inst. du 18 décembre 1853, art. 129.
2	1er.	Administration, 1re div., 2e bur.	Etat de situation des travaux relatifs à la confection des rôles de prestation.	Circ. des 26 février 1838 et 12 février 1889.
3	1er.	Recev. général.	Ordonnances de dégrèvement signées par le préfet pendant la quinzaine précédente.	Inst. gén. sur la comptabilité du 17 juin 1840, art. 147.
			Bordereau énonciatif des ordonnances y annexées.	*Idem.*
4	1er.	Payeur.	Communication des mandats de paiement pour traitements fixes et pour frais de tournées, payables hors du chef-lieu.	Règl. minist. du 26 janv. 1846, art. 128.
			Bordereau des mandats délivrés.	*Idem*, art. 127 et 128.
5	1er au 5.	Inspect.-contrôl.	Mandats de paiement pour traitements fixes et pour frais de tournées.	Règl. minist. du 26 janv. 1846, art. 126.
6	1er au 5.	Administration, 2e division.	Relevé des mandats délivrés pendant le mois d'août pour traitements fixes, pour frais de tournées et de bureau, et pour dépenses imprévues.	Circ. autographiée du 23 avril 1846.
7	1er au 5.	Inspect.-contrôl.	Doubles des relevés sommaires des opérations exécutées par l'inspecteur et par les contrôleurs pendant le mois d'août, revêtus des observations du directeur.	Circ. du 14 février 1827.

Mois de Septembre.

Nos d'ordre.	DATES DES ENVOIS.	QUALITÉS des DESTINATAIRES.	NATURE DES PIÈCES A TRANSMETTRE.	INDICATION des RÈGLEMENTS, INSTRUCTIONS et circulaires en vertu desquels les envois doivent être faits.
1	2	3	4	5
8	1er au 10.	Administration, 1re div., 2e bur.	Etat de situation des dépenses et crédits de l'exercice courant.	Circ. nos 103, 115, 210, 312, 343.
			Etat des décharges et réductions prononcées sur la taxe des biens de main-morte.	Circ. n° 199, et lettre-circ. du 25 septembre 1849.
9	1er au 10.	Ministre.	Etats de situation des crédits délégués, des droits constatés, des mandats délivrés et des paiements effectués au dernier jour du mois d'août, pour l'exercice antérieur et pour l'exercice courant.	Règl. minist. du 26 janv. 1846, art. 211 et 212.
			Etat détaillé des droits constatés pour traitements fixes.	*Idem*, art. 218, et circ. minist. du 4 août 1848, n° 403.
10	1er au 15.	Ministre.	Etat présentant la situation définitive de l'exercice clos.	Règl. minist. du 26 janvier 1846, art. 128, et circ. annuelle.
11	15.	Administration, 2e division.	Compte des crédits et de la dépense concernant les mutations cadastrales de l'exercice clos.	Circ. nos 163, 191, et inst. du 18 décemb. 1853, art. 158.

Mois de Septembre.

Nos d'ordre. 1	DATES DES ENVOIS. 2	QUALITÉS des DESTINATAIRES. 3	NATURE DES PIÈCES A TRANSMETTRE. 4	INDICATION des RÈGLEMENTS, INSTRUCTIONS et circulaires en vertu desquels les envois doivent être faits. 5
12	15.	Recev. général.	Ordonnances de dégrèvement signées par le préfet pendant la quinzaine précédente.	Inst. gén. sur la comptabilité du 17 juin 1840, art. 147.
			Bordereau énonciatif des ordonnances y annexées.	*Idem.*
13	1er au 20.	Recev. général, inspect.-contrôl.	Copie et doubles des itinéraires des contrôleurs pour la tournée spéciale des patentes.	Circ. nos 46, 106, inst. du 18 décemb. 1853, art. 5, et inst. gén. du 31 juillet 1858, art. 93.
14	15 au 30.	Administration, 1re div., 2e bur.	Compte d'emploi du fonds de non-valeurs de l'exercice expiré et tableaux annexes ci-après :	Circ. nos 131, 149, 166, 195, 221, 284, 343.
			1° Etat présentant, par année, les sommes mandatées sur les fonds de l'exercice antérieur et de celles qui devront être imputées sur les fonds de l'exercice courant;	Circ. n° 284.
			2° Etat du montant des pertes et des dégrèvements imputés sur le fonds des dégrèvements pour pertes de matière imposable et pour cause de surévaluation de propriétés bâties nouvellement imposées.	Circ. n° 284.

Mois de Septembre.

Nos d'ordre. 1	DATES DES ENVOIS. 2	QUALITÉS des DESTINATAIRES. 3	NATURE DES PIÈCES A TRANSMETTRE. 4	INDICATION des RÈGLEMENTS, INSTRUCTIONS et circulaires en vertu desquels les envois doivent être faits. 5
15	1er au 30.	Préfet.	Copie du compte d'emploi du fonds de non-valeurs de l'exercice expiré.	Circ. du 15 juillet 1827.
16	31.	Administration, 2e division.	Rapports de l'inspecteur sur le service général.	Circ. nos 94, 317.

Mois de Septembre.

N^os d'ordre.	DATES DES ENVOIS.	QUALITÉS des DESTINATAIRES.	NATURE DES PIÈCES À TRANSMETTRE.	INDICATION des RÈGLEMENTS, INSTRUCTIONS et circulaires en vertu desquels les envois doivent être faits.
1	2	3	4	5

Mois de Septembre.

Nos d'ordre.	DATES DES ENVOIS.	QUALITÉS des DESTINATAIRES.	NATURE DES PIÈCES A TRANSMETTRE.	INDICATION des RÈGLEMENTS, INSTRUCTIONS et circulaires en vertu desquels les envois doivent être faits.
1	2	3	4	5

Mois d'Octobre.

N^os d'ordre. 1	DATES DES ENVOIS. 2	QUALITÉS des DESTINATAIRES. 3	NATURE DES PIÈCES A TRANSMETTRE. 4	INDICATION des RÈGLEMENTS, INSTRUCTIONS et circulaires en vertu desquels les envois doivent être faits. 5
1	1er.	Recev. général.	Imprimés pour extraits des cahiers de notes des percepteurs.	Inst. du 18 décemb. 1853, art. 23 et 150.
2	1er.	Administration, 2e division.	Etat de situation des travaux relatifs à la tournée des mutations et des patentes.	Circ. nos 34, 74, 106, 117, 148, 177, 200, 221, 273, et inst. du 18 décembre 1853, art. 129.
3	1er.	Administration, 1re div., 2e bur.	Etat de situation des travaux relatifs à la confection des rôles de prestation.	Circ. des 28 février 1838 et 12 février 1839.
4	1er.	Recev. général.	Ordonnances de dégrèvement signées par le préfet pendant la quinzaine précédente.	Inst. gén. sur la comptabilité du 17 juin 1840, art. 147.
			Bordereau énonciatif des ordonnances y annexées.	*Idem.*
5	1er.	Payeur.	Communication des mandats de paiement pour traitements fixes et pour frais de tournées, payables hors du chef-lieu.	Règl. minist. du 26 janv. 1846, art. 128.
			Bordereau des mandats délivrés.	*Idem*, art. 127 et 128.
6	1er au 5.	Inspect.-contrôl.	Mandats de paiement pour traitements fixes et pour frais de tournées.	Règl. minist. du 26 janv. 1846, art. 126.
7	1er au 5.	Administration, 2e division.	Relevé des mandats délivrés pendant le mois de septembre pour traitements fixes, frais de tournées et de bureau, et pour dépenses imprévues.	Circ. autographiée du 23 avril 1846.
8	1er au 5.	Administration, 2e division.	Relevé sommaire des opérations exécutées par l'inspecteur pendant le trimestre expiré.	Circ. no 317.

Mois d'Octobre.

Nos d'ordre. 1	DATES DES ENVOIS. 2	QUALITÉS des DESTINATAIRES. 3	NATURE DES PIÈCES A TRANSMETTRE. 4	INDICATION des RÈGLEMENTS, INSTRUCTIONS et circulaires en vertu desquels les envois doivent être faits. 5
9	1er au 5.	Inspect.-contrôl.	Doubles des relevés sommaires des opérations exécutées par l'inspecteur et par les contrôleurs pendant le mois de septembre, revêtus des observations du directeur.	Circ. du 14 février 1827.
10	1er au 10.	Administration, 1re div., 2e bur.	Etats du montant des rôles spéciaux de toute nature émis pendant le trimestre précédent.	Circ. des 20 août 1829, 28 février 1834, 26 mai 1837, 8 février et 21 mai 1838, 3 avril 1840, et nos 15, 261.
			Résumé, en double expédition, des rôles émis jusqu'au 25 septembre.	Circ. du 21 mai 1838, et nos 15, 261.
11	1er au 10.	Administration, 1re div., 2e bur.	Etat des dépenses et crédits de l'exercice courant. (Les remises auxquelles auront donné lieu les états de cotes irrécouvrables devront être comprises en totalité dans cet état.)	Circ. nos 103, 115, 210, 240, 248, 268, 292, 312, 343.
			Etat des décharges et réductions prononcées sur la taxe des biens de main-morte.	Circ. no 199, et lettre-circ. du 25 septemb. 1849.
12	1er au 10.	Administration, 1re div., 2e bur.	Etat trimestriel sommaire du montant des rôles de prestation du 3e trimestre ou certificat négatif.	Circ. du 3 mai 1841, et no 10.
13	1er au 10.	Administration, 2e division.	Etat de situation de l'instruction des réclamations de toute nature de l'exercice courant.	Circ. nos 4, 111, 253, 314, 321, 314.
14	1er au 10.	Ministre.	Etat de situation des crédits délégués, des droits constatés, des mandats délivrés et des paiements effectués au dernier jour du mois de septembre, pour l'exercice courant.	Règl. minist. du 26 janv. 1816, art. 211 et 212.
			Etat détaillé des droits constatés pour traitements fixes.	*Idem*, art. 213, et circ. minist. du 4 août 1816, no 403.

Mois d'Octobre.

Nos d'ordre. 1	DATES DES ENVOIS. 2	QUALITÉS des DESTINATAIRES. 3	NATURE DES PIÈCES A TRANSMETTRE. 4	INDICATION des RÈGLEMENTS, INSTRUCTIONS et circulaires en vertu desquels les envois doivent être faits. 5
15	15.	Administration, 1re div., 2e bur.	Etats de situation des travaux relatifs à la confection des rôles généraux et des patentes.	Circ. nos 13, 46, 96, 129, 162, 189, 211, 235, 256, 278, 298, 323, 338, 351, 364.
16	15.	Recev. général.	Ordonnances de dégrèvement signées par le préfet pendant la quinzaine précédente.	Inst. gén. sur la comptabilité du 17 juin 1840, art. 147.
			Bordereau énonciatif des ordonnances y annexées.	*Idem.*
17	1er au 31.	Contrôleurs.	Etat des chefs d'école entrés en exercice pendant le 3e trimestre, fourni par le recteur.	Règl. du 27 novemb. 1834, art. 37, et circ. n° 244.
18	1er au 31.	Contrôleurs.	Etats nominatifs des individus ayant fait, pendant le 3e trimestre, des déclarations de commencer et de cesser.	Circ. des 16 et 22 février 1836.
19	1er au 31.	Administration, 1re div., 1er bur.	Récapitulation générale des états de sous-répartement (n° 5).	Circ. du 23 juillet 1841, et nos 9, 45, 92, 128, 158, 186, 209, 233.
20	1er au 31.	Administration, 1re div., 2e bur. Préfet, Recev. général.	Etat des sommes à réimposer dans les rôles de l'exercice suivant.	Circ. des 7 mars 1833, 24 septembre 1839, et nos 18, 96.
21	1er au 31.	Préfet.	Rôles des prestations, pour être soumis à l'homologation.	Circ. des 15 juin 1838 et 12 mars 1839.
22	1er au 31.	Receveurs des finances.	Rôles et avertissements de prestation.	Circ. des 15 juin 1838 et 12 mars 1839.
			Feuille d'émargement constatant la remise de ces pièces aux percepteurs.	Circ. du 28 novemb. 1838 et Inst. gén. sur la comptabilité du 17 juin 1840, art. 85.

Mois d'Octobre.

Nos d'ordre. 1	DATES DES ENVOIS. 2	QUALITÉS des DESTINATAIRES. 3	NATURE DES PIÈCES A TRANSMETTRE. 4	INDICATION des RÈGLEMENTS, INSTRUCTIONS et circulaires en vertu desquels les envois doivent être faits. 5
23	1er au 31.	Administration, 1re div., 1er bur. Préfet.	Copie des états de sous-répartement arrêtés par les conseils d'arrondissement.	Circ. minist. des 13 août 1839, 22 juillet 1840, et no 67.
24	15 au 31.	Contrôleurs.	Dossiers pour l'application des mutations sur les matrices cadastrales et générales des communes, contenant les pièces désignées ci-après (1er envoi) :	Inst. du 18 décemb. 1853, art. 27, 36, 77, 81, 86, 100, 105, 109, 119, 130 et 132, et circ. no 345.
			1° Feuilles de notes établies au moment de la tournée ;	Inst. du 18 décemb. 1853, art. 36 et 132.
			2° Feuilles de mutation ;	*Idem*, art. 27 et 132.
			3° Etats des constructions nouvelles et des démolitions ;	*Idem*, art. 77 et 132.
			4° Etats de situation ancienne et nouvelle ;	*Idem*, art. 109 et 132.
			5° Etats de changement de la contribution des portes et fenêtres ;	*Idem*, art. 81 et 132.
			6° Etats de changement de la contribution personnelle et mobilière ;	*Idem*, art. 86 et 132.
			7° Extraits d'actes utilisés et ventilés ;	Inst. du 18 décemb. 1853, art. 100 et 132, et circ. no 345.
			8° Relevés des extraits non utilisés ;	Inst. du 18 décemb. 1853, art. 100, 105 et 132, et circ. no 345.
			9° Volumes de matrices cadastrales nouvellement ouverts ;	Inst. du 18 décemb. 1853, art. 119 et 132.
			10° Copies des croquis et des plans qui doivent être jointes à l'atlas communal, ainsi que les extraits nécessaires pour l'inscription sur les états de sections des parcelles nouvellement établies.	*Idem*, art. 130 et 132, et circ. no 345.

Mois d'Octobre.

Nos d'ordre. 1	DATES DES ENVOIS. 2	QUALITÉS des DESTINATAIRES. 3	NATURE DES PIÈCES A TRANSMETTRE. 4	INDICATION des RÈGLEMENTS, INSTRUCTIONS et circulaires en vertu desquels les envois doivent être faits. 5
25	15 au 31.	Recev. général.	Extraits des cahiers de notes des percepteurs, annotés par les contrôleurs pendant le travail des mutations.	Inst. du 18 décemb. 1853, art. 23 et 132.
26	15 au 31.	Préfet.	Rôles généraux et des patentes, pour être soumis à l'homologation.	Circ. nos 48, 96, 129, 162, 211, 338, 351, 357.
27	15 au 31.	Receveurs des finances.	Rôles généraux et des patentes homologués pendant le mois, avertissements et formules.	Circ. nos 48, 96, 129, 162, 211, 338, 351, 357.
			Feuille d'émargement constatant la remise de ces pièces aux percepteurs.	Circ. du 28 novemb. 1828, et inst. gén. sur la comptabilité du 17 juin 1840, art. 35.
28	15 au 31.	Maires.	Tableaux présentant l'indication du montant total des rôles, avec la distinction de la part revenant à l'Etat, au département, à la commune et au fonds de secours, non-valeurs, réimpositions et frais d'avertissement.	Circ. nos 236, 256, 278, 323, 338, 351, 357.
29	31.	Administration, 2e division.	Rapports de l'inspecteur sur le service général.	Circ. nos 31, 317.

Mois d'Octobre.

Nos d'ordre.	DATES DES ENVOIS.	QUALITÉS des DESTINATAIRES.	NATURE DES PIÈCES A TRANSMETTRE.	INDICATION des RÈGLEMENTS, INSTRUCTIONS et circulaires en vertu desquels les envois doivent être faits.
1	2	3	4	5

Mois d'Octobre.

Nos d'ordre.	DATES DES ENVOIS.	QUALITÉS des DESTINATAIRES.	NATURE DES PIÈCES A TRANSMETTRE.	INDICATION des RÈGLEMENTS, INSTRUCTIONS et circulaires en vertu desquels les envois doivent être faits.
1	2	3	4	5

Mois d'Octobre.

Nos d'ordre.	DATES DES ENVOIS.	QUALITÉS des DESTINATAIRES.	NATURE DES PIÈCES A TRANSMETTRE.	INDICATION des RÈGLEMENTS, INSTRUCTIONS et circulaires en vertu desquels les envois doivent être faits.
1	2	3	4	5

Mois de Novembre.

Nos d'ordre. 1	DATES DES ENVOIS. 2	QUALITÉS des DESTINATAIRES. 3	NATURE DES PIÈCES A TRANSMETTRE. 4	INDICATION des RÈGLEMENTS, INSTRUCTIONS et circulaires en vertu desquels les envois doivent être faits. 5
1	1er.	Administration, 2e division.	Etat présentant la situation définitive des travaux relatifs à la tournée des mutations et des patentes.	Circ. nos 31, 74, 106, 117, 148, 177, 200, 224, 273, et inst. du 18 décemb. 1853, art. 129.
2	1er.	Administration, 1re div., 2e bur.	Etat final de situation des travaux relatifs à la confection des rôles de prestation.	Circ. des 28 février 1838 et 12 février 1839.
3	1er.	Administration, 1re div., 2e bur.	Etats de situation des travaux relatifs à la confection des rôles généraux et des patentes.	Circ. nos 13, 48, 96, 129, 162, 189, 211, 235, 256, 278, 298, 323, 338, 351, 364.
4	1er.	Recev. général.	Ordonnances de dégrèvement signées par le préfet pendant la quinzaine précédente.	Inst. gén. sur la comptabilité du 17 juin 1840, art. 147.
			Bordereau énonciatif des ordonnances y annexées.	*Idem.*
5	1er.	Payeur.	Communication des mandats de paiement pour traitements fixes et pour frais de tournées, payables hors du chef-lieu.	Règl. minist. du 26 janv. 1846, art. 128.
			Bordereau des mandats délivrés.	*Idem*, art. 127 et 128.
6	1er au 5.	Inspect.-contrôl.	Mandats de paiement pour traitements fixes et pour frais de tournées.	Règl. minist. du 26 janv. 1846, art. 126.
7	1er au 5.	Administration, 2e division.	Relevé des mandats délivrés pendant le mois d'octobre pour traitements fixes, frais de tournées et de bureau, et pour dépenses imprévues.	Circ. autographiée du 23 avril 1846.
8	1er au 5.	Inspect.-contrôl.	Doubles des relevés sommaires des opérations exécutées par l'inspecteur et par les contrôleurs pendant le mois d'octobre, revêtus des observations du directeur.	Circ. du 14 février 1827.

Mois de Novembre.

Nos d'ordre. 1	DATES DES ENVOIS. 2	QUALITÉS des DESTINATAIRES. 3	NATURE DES PIÈCES A TRANSMETTRE. 4	INDICATION des RÈGLEMENTS, INSTRUCTIONS et circulaires en vertu desquels les envois doivent être faits. 5
9	1er au 10.	Administration, 1re div., 2e bur.	Etat de situation des dépenses et crédits de l'exercice courant.	Circ. nos 103, 115, 210, 312, 343.
			Etat des décharges et réductions prononcées sur la taxe des biens de main-morte.	Circ. no 199 et lettre-circ. du 25 septembre 1849.
10	1er au 10.	Ministre.	Etat de situation des crédits délégués, des droits constatés, des mandats délivrés et des paiements effectués au dernier jour du mois d'octobre pour l'exercice courant.	Régl. minist. du 26 janv. 1846, art. 211 et 112.
			Etat détaillé des droits constatés pour traitements fixes.	*Idem*, art. 213, et circ. minist. du 4 août 1848, no 408.
11	1er au 15.	Préfet.	Rôles supplémentaires des patentes du 3e trimestre, pour être soumis à l'homologation.	Circ. nos 72, 147, 235.
12	1er au 15.	Receveurs des finances.	Rôles supplémentaires, avertissements et formules des patentes du 3e trimestre.	Circ. nos 72, 147, 235.
			Feuille d'émargement constatant la remise de ces pièces aux percepteurs.	Circ. du 28 novemb. 1828, et inst. gén. sur la comptabilité du 17 juin 1840, art. 35.
13	1er au 15.	Préfet, Recev. général.	Copie de l'état du montant des rôles supplémentaires des patentes du 3e trimestre.	Circ. des 20 août 1829, 26 mai 1837, et nos 235, 358.

Mois de Novembre.

Nos d'ordre. 1	DATES DES ENVOIS. 2	QUALITÉS des DESTINATAIRES. 3	NATURE DES PIÈCES A TRANSMETTRE. 4	INDICATION des RÈGLEMENTS, INSTRUCTIONS et circulaires en vertu desquels les envois doivent être faits. 5
14	1er au 15.	Administration, 1re div., 2e bur.	Avis d'émission des rôles supplémentaires des patentes du 3e trimestre.	Circ. nos 235, 261.
15	1er au 15.	Préfet.	Copie de l'état du montant des rôles de prestation.	Circ. minist. des 12 septembre 1836, 26 février 1838 et 3 mai 1841.
			Etat indiquant par arrondissement, et dans l'ordre des perceptions, le montant des sommes dues par les communes pour les frais d'assiette, d'impression et de confection des matrices, rôles et avertissements.	Circ. minist. du 12 septembre 1836, et circ. du 3 mai 1841.
			Résumé de l'état ci-dessus, indiquant séparément l'indemnité due au directeur et aux contrôleurs.	*Idem.*
16	1er au 15.	Administration, 1re div., 2e bur.	Etat sommaire du montant des rôles de prestation.	Circ. du 3 mai 1841, et n° 10.
			Etat des frais d'assiette de la prestation.	*Idem.*
17	15.	Administration, 2e division.	Etat de situation de l'application des mutations sur les matrices cadastrales des communes.	Circ. nos 49, 190, 212, 238, 249, 263, 282, 309, et inst. du 18 décembre 1853, art. 147.
18	15.	Recev. général.	Etat des matrices cadastrales réintégrées dans les mairies depuis l'ouverture du travail.	Inst. du 18 décemb. 1853, art. 147.
19	15.	Administration, 1re div., 2e bur.	Etat de situation des travaux relatifs à la confection des rôles généraux et des patentes.	Circ. nos 13, 48, 96, 129, 162, 189, 211, 235, 256, 278, 298, 323, 338, 351, 361.
20	15.	Recev. général.	Ordonnances de dégrèvement signées par le préfet pendant la quinzaine précédente.	Inst. gén. sur la comptabilité du 17 juin 1840, art. 147.
			Bordereau énonciatif des ordonnances y annexées.	*Idem.*

Mois de Novembre.

Nos d'ordre. 1	DATES DES ENVOIS. 2	QUALITÉS des DESTINATAIRES. 3	NATURE DES PIÈCES A TRANSMETTRE. 4	INDICATION des RÈGLEMENTS, INSTRUCTIONS et circulaires en vertu desquels les envois doivent être faits. 5
21	1er au 30.	Administration, 1re div., 2e bur.	Etat supplémentaire de réimposition, s'il y a lieu.	Circ. n° 96.
22	1er au 30.	Administration, 2e division.	Etat sommaire des mutations et des sommes à ordonnancer pour couvrir le montant de la dépense.	Inst. du 18 décemb. 1853, art. 156.
23	1er au 30.	Administration, 2e division.	Rapports des contrôleurs sur la tournée des mutations.	Circ. nos 74, 117, 138, 141, 148, 200, 224, 249, 273, 293. et inst. du 18 déc. 1853, art. 133.
24	1er au 30.	Administration, 2e division.	Rapports de l'inspecteur sur la tournée des mutations.	Circ. nos 46, 74, 106, 117, 119, 148, 200, 224, 226, 249, 273, 293, 317.
			Tableaux des irrégularités relevées (n° 2).	Circ. n° 317.
25	1er au 30.	Recev. général.	Notes sur les percepteurs qui n'ont pas rempli leurs obligations touchant la réception des mutations foncières, la tenue de leurs cahiers de notes, la distribution des avertissements, et la mention, sur ces dernières pièces, de la date de la publication des rôles.	Circ. nos 47, 116, et inst. du 18 décembre 1853, art. 101 et 133.
26	1er au 30.	Préfet.	Rôles généraux et des patentes, pour être soumis à l'homologation.	Circ. nos 48, 96, 129, 162, 211, 338, 351, 357.
27	1er au 30.	Receveurs des finances.	Rôles généraux et des patentes homologués pendant le mois, avertissements et formules.	Circ. nos 48, 96, 129, 162, 211, 338, 351, 357.
			Feuille d'émargement constatant la remise de ces pièces aux percepteurs.	Circ. du 28 novemb. 1828, et inst. gén. sur la comptabilité du 17 juin 1840, art. 35.
28	1er au 30.	Maires.	Tableaux présentant l'indication du montant total des rôles, avec la distinction de la part revenant à l'Etat, au département, à la commune et au fonds de secours, non-valeurs, réimpositions et frais d'avertissement.	Circ. nos 236, 256, 278, 323, 338, 351, 357.

Mois de Novembre.

Nos d'ordre. 1	DATES DES ENVOIS. 2	QUALITÉS des DESTINATAIRES. 3	NATURE DES PIÈCES A TRANSMETTRE. 4	INDICATION des RÈGLEMENTS, INSTRUCTIONS et circulaires en vertu desquels les envois doivent être faits. 5
29	1er au 30.	Préfet.	Etat des pièces cadastrales des communes qui doivent être réparées et du montant de la dépense.	Circ. du 18 juillet 1836.
30	30.	Administration, 2e division.	Rapports de l'inspecteur sur le service général.	Circ. nos 94, 817.

Mois de Novembre.

Nos d'ordre.	DATES DES ENVOIS.	QUALITÉS des DESTINATAIRES.	NATURE DES PIÈCES À TRANSMETTRE.	INDICATION des RÈGLEMENTS, INSTRUCTIONS et circulaires en vertu desquels les envois doivent être faits.
1	2	3	4	5

Mois de Novembre.

N^os d'ordre.	DATES DES ENVOIS.	QUALITÉS des DESTINATAIRES.	NATURE DES PIÈCES A TRANSMETTRE.	INDICATION des RÈGLEMENTS, INSTRUCTIONS et circulaires en vertu desquels les envois doivent être faits.
1	2	3	4	5

Mois de Novembre.

Nos d'ordre. 1	DATES DES ENVOIS. 2	QUALITÉS des DESTINATAIRES. 3	NATURE DES PIÈCES A TRANSMETTRE. 4	INDICATION des RÈGLEMENTS, INSTRUCTIONS et circulaires en vertu desquels les envois doivent être faits. 5

Mois de Décembre.

Nos d'ordre. 1	DATES DES ENVOIS. 2	QUALITÉS des DESTINATAIRES. 3	NATURE DES PIÈCES A TRANSMETTRE. 4	INDICATION des RÈGLEMENTS, INSTRUCTIONS et circulaires en vertu desquels les envois doivent être faits. 5
1	1er.	Administration, 1re div., 2e bur.	Etats de situation des travaux relatifs à la confection des rôles généraux et des patentes.	Circ. nos 18, 48, 96, 129, 162, 189, 211, 235, 256, 278, 298, 328, 338, 351, 364.
2	1er.	Recev. général.	Ordonnances de dégrèvement signées par le préfet pendant la quinzaine précédente.	Inst. gén. sur la comptabilité du 17 juin 1840, art. 147.
			Bordereau énonciatif des ordonnances y annexées.	*Idem.*
3	1er.	Payeur.	Communication des mandats de paiement pour traitements fixes et pour frais de tournées, payables hors du chef-lieu.	Règl. minist. du 26 janv. 1846, art. 128.
			Bordereau des mandats délivrés.	*Idem*, art. 127 et 128.
4	1er au 5.	Inspect.-contrôl.	Mandats de paiement pour traitements fixes et pour frais de tournées.	Règl. minist. du 26 janv. 1846, art. 126.
5	1er au 5.	Administration, 2e division.	Relevé des mandats délivrés pendant le mois de novembre pour traitements fixes, frais de tournées et de bureau, et pour dépenses imprévues.	Circ. autographiée du 23 avril 1846.
6	1er au 5.	Inspect.-contrôl.	Doubles des relevés sommaires des opérations exécutées par l'inspecteur et par les contrôleurs pendant le mois de novembre, revêtus des observations du directeur.	Circ. du 14 février 1827.

Mois de Décembre.

N°s d'ordre. 1	DATES DES ENVOIS. 2	QUALITÉS des DESTINATAIRES. 3	NATURE DES PIÈCES A TRANSMETTRE. 4	INDICATION des RÈGLEMENTS, INSTRUCTIONS et circulaires en vertu desquels les envois doivent être faits. 5
7	1er au 10.	Administration, 1re div., 2e bur.	Etat de situation des dépenses et crédits de l'exercice courant.	Circ. nos 103, 115, 210, 312, 313.
			Etat des décharges et réductions prononcées sur la taxe des biens de main-morte.	Circ. n° 199, et lettre-circ. du 25 septembre 1849.
8	1er au 10.	Ministre.	Etat de situation des crédits délégués, des droits constatés, des mandats délivrés et des paiements effectués au dernier jour du mois de novembre, pour l'exercice courant.	Règl. minist. du 26 janv. 1846, art. 211 et 212.
			Etat détaillé des droits constatés pour traitements fixes.	Règl. minist. du 26 janv. 1846, art. 213, et circ. minist. du 4 août 1848, n° 403.
9	1er au 10.	Administration, 1re div., 2e bur.	Etat de la dépense des frais d'impression et de confection des rôles pour biens restitués ou vendus et pour cotisations omises.	Circ. n° 161.
10	15.	Administration, 2e division.	Etat de situation de l'application des mutations sur les matrices cadastrales des communes.	Circ. nos 49, 190, 212, 238, 249, 263, 282, 309, et inst. du 18 décembre 1853, art. 147.
11	15.	Recev. général.	Etat des matrices cadastrales réintégrées dans les mairies depuis la précédente situation.	Inst. du 18 décemb. 1853, art. 147.
12	15.	Administration, 1re div., 2e bur.	Etats de situation des travaux relatifs à la confection des rôles généraux et des patentes.	Circ. nos 13, 48, 96, 129, 162, 189, 211, 235, 256, 278, 296, 323, 338, 351, 364.
13	15.	Recev. général.	Ordonnances de dégrèvement signées par le préfet pendant la quinzaine précédente.	Inst. gén. sur la comptabilité du 17 juin 1840, art. 117.
			Bordereau énonciatif des ordonnances y annexées.	Idem

Mois de Décembre.

Nos d'ordre. 1	DATES DES ENVOIS. 2	QUALITÉS des DESTINATAIRES. 3	NATURE DES PIÈCES A TRANSMETTRE. 4	INDICATION des RÈGLEMENTS, INSTRUCTIONS et circulaires en vertu desquels les envois doivent être faits. 5
14	1er au 31.	Inspecteur.	Extraits des carnets des établissements industriels concernant les modifications constatées pendant la tournée des mutations et des patentes.	Circ. n° 46, inst. du 18 décembre 1853, art. 98 et 148, et inst. gén. du 31 juillet 1858, art. 108.
15	1er au 31.	Préfet.	Rôles généraux et des patentes pour être soumis à l'homologation.	Circ. nos 48, 96, 129, 162, 211, 338, 351, 357.
16	1er au 31.	Receveurs des finances.	Rôles généraux et des patentes homologués pendant le mois, avertissements et formules.	Circ. nos 48, 96, 129, 162, 211, 338, 351, 357.
			Feuille d'émargement constatant la remise de ces pièces aux percepteurs.	Circ. du 28 novemb. 1828, et inst. gén. sur la comptabilité du 17 juin 1840, art. 35.
17	1er au 31.	Maires.	Tableaux présentant l'indication du montant total des rôles, avec la distinction de la part revenant à l'Etat, au département, à la commune et au fonds de secours, non-valeurs, réimpositions et frais d'avertissement.	Circ. nos 236, 256, 278, 323, 338, 351, 357.
18	15 au 31.	Administration, 1re div., 1er bur.	Rapports de l'inspecteur sur le travail des patentes.	Circ. nos 106, 119, 127, 237, 239, 317.
			Tableau comparatif du travail de l'inspecteur et de celui du contrôleur. (N° 3.)	Circ. nos 127, 239, et inst. gén. du 31 juillet 1858, art. 122.
			Tableau comparatif des valeurs locatives. (N° 12.)	Circ. nos 127, 237, et inst. gén. du 31 juillet 1858, art. 124.

Mois de Décembre.

Nos d'ordre. 1	DATES DES ENVOIS. 2	QUALITÉS des DESTINATAIRES. 3	NATURE DES PIÈCES A TRANSMETTRE. 4	INDICATION des RÈGLEMENTS, INSTRUCTIONS et circulaires en vertu desquels les envois doivent être faits. 5
19	31.	Administration, 2e division.	Rapports de l'inspecteur sur le service général.	Circ. nos 94, 317.

Mois de Décembre.

Nos d'ordre.	DATES DES ENVOIS.	QUALITÉS des DESTINATAIRES.	NATURE DES PIÈCES A TRANSMETTRE.	INDICATION des RÈGLEMENTS, INSTRUCTIONS et circulaires en vertu desquels les envois doivent être faits.
1	2	3	4	5

Mois de Décembre.

Nos d'ordre.	DATES DES ENVOIS.	QUALITÉS des DESTINATAIRES.	NATURE DES PIÈCES A TRANSMETTRE.	INDICATION des RÈGLEMENTS, INSTRUCTIONS et circulaires en vertu desquels les envois doivent être faits.
1	2	3	4	5

ÉPOQUES VARIABLES.

2e SOMMAIRE.

Epoques variables. — Archives.

Nos d'ordre. 1	DATES DES ENVOIS. 2	QUALITÉS des DESTINATAIRES. 3	NATURE DES PIÈCES A TRANSMETTRE. 4	INDICATION des RÈGLEMENTS, INSTRUCTIONS et circulaires en vertu desquels les envois doivent être faits. 5
1	A chaque remise de service.	Administration, 2e division.	Expédition du procès-verbal de la remise de service.	Circ. nº 311.
			Résumé de l'inventaire des archives.	Circ. nº 336.
			Etat détaillé des pièces cadastrales.	Circ. du 28 décemb. 1833, et nº 336.
2	Au moment de la remise du service.	Administration, 2e division.	Indication des mesures prises par le directeur, relativement aux pièces manquantes dans les archives de l'inspection et des contrôles.	Circ. nº 137.
3	En cas de vente de papiers.	Administration, 2e division.	Etat énonciatif des papiers à vendre, en double expédition.	Circ. nº 336.
4	Après la vente des papiers inutiles	Administration, 2e division.	Indication de la date de la vente, du poids des papiers vendus, du produit de l'adjudication et du montant des frais.	Circ. nº 336.

Epoques variables. — Bourses et chambres de commerce.

Nos d'ordre. 1	DATES DES ENVOIS. 2	QUALITÉS des DESTINATAIRES. 3	NATURE DES PIÈCES A TRANSMETTRE. 4	INDICATION des RÈGLEMENTS, INSTRUCTIONS et circulaires en vertu desquels les envois doivent être faits. 5
5	Aussitôt après le décret d'autorisation.	Préfet.	Rôles pour frais de bourses et chambres de commerce, pour homologation.	Circ. minist. du 15 janv. 1830.
6	Après le décret d'autorisation.	Receveurs des finances.	Rôles et avertissements pour frais de bourses et chambres de commerce.	Circ. minist. du 15 janv. 1830.
			Feuille d'émargement constatant la remise de ces pièces aux percepteurs.	Circ. du 28 novemb. 1828, et inst. gén. sur la comptabilité du 17 juin 1840, art. 35.
7	Après l'achèvement des rôles.	Préfet, Recev. général.	Copie de l'état du montant des rôles pour frais de bourses et chambres de commerce.	Circ. du 20 août 1829, 26 mai 1837 et 21 mai 1838.
8	Aussitôt après la remise des états du montant des rôles.	Administration, 1re div., 2e bur.	Avis d'émission des rôles pour frais de bourses et chambres de commerce.	Circ. des 29 mars 1828 et 28 février 1834.

Epoques variables. — Comptabilité. — Ordonnateur secondaire.

Nos d'ordre. 1	DATES DES ENVOIS. 2	QUALITÉS des DESTINATAIRES. 3	NATURE DES PIÈCES A TRANSMETTRE. 4	INDICATION des RÈGLEMENTS, INSTRUCTIONS et circulaires en vertu desquels les envois doivent être faits. 5
9	Dès que les crédits ont été ouverts.	Payeur.	Communication des mandats de toute nature payables hors du chef-lieu.	Règl. minist. du 26 janv. 1846, art. 118 et 128, et circ. n° 108.
10	Doit être annexé à chaque envoi de mandats.	Payeur.	Bordereau des mandats délivrés.	Règl. minist. du 26 janv. 1846, art. 127.
11	Après la remise des états de situation ancienne et nouvelle.	Contrôleurs.	Mandats de paiement pour frais de mutations cadastrales. (1re partie de l'indemnité.)	Circ. du 6 mai 1835, circ. nos 49, 108, et inst. du 18 décembre 1853, art. 152.
12	Après la remise des rapports de l'inspecteur.	Contrôleurs.	Mandats de paiement pour frais de mutations cadastrales. (2e partie de l'indemnité.)	Circ. du 6 mai 1835, circ. nos 49, 108, et inst. du 18 décembre 1853, art. 152.
13	Dès que le crédit a été ouvert et après le visa du payeur.	Recev. général.	Mandats de paiement délivrés au profit des percepteurs, pour frais de mutations cadastrales.	Inst. du 18 décemb. 1853, art. 152.
14	Dans le cas où un crédit ne pourrait être employé.	Ministre.	Déclaration spéciale des crédits sans emploi.	Règl. minist. du 26 janv. 1846, art. 123.
15	Dans les premiers jours de chaque mois, à partir du mois d'août.	Administration, 1re div., 2e bur.	Avis des crédits présumés nécessaires pour payer des à-comptes aux expéditionnaires chargés de la confection des rôles généraux et des patentes. (A.)	Circ. n° 164. (L'administration ouvrant d'office les crédits, il ne paraît pas utile de transmettre ces avis.)
16	Après délivrance des mandats.	Directeurs.	Mandats délivrés au profit d'agents ayant quitté le département, pour être revêtus de leur acquit.	Circ. n° 29.
17	Après réception des fonds.	Recev. général.	Fonds provenant des mandats touchés pour des agents ayant quitté le département, pour être échangés contre une rescription payable à la caisse du receveur général du département où ils exercent leurs fonctions.	Circ. n° 29.
18	Après échange.	Directeurs.	Rescriptions délivrées par le receveur général aux noms des agents qui sont passés dans d'autres départements.	Circ. n° 29.

Epoques variables. — Comptabilité. — Ordonnateur secondaire.				
Nos d'ordre.	DATES DES ENVOIS.	QUALITÉS des DESTINATAIRES.	NATURE DES PIÈCES A TRANSMETTRE.	INDICATION des RÈGLEMENTS, INSTRUCTIONS et circulaires en vertu desquels les envois doivent être faits.
1	2	3	4	5

Epoques variables. — Fonds de non-valeurs.

Nos d'ordre. 1	DATES DES ENVOIS. 2	QUALITÉS des DESTINATAIRES. 3	NATURE DES PIÈCES A TRANSMETTRE. 4	INDICATION des RÈGLEMENTS, INSTRUCTIONS et circulaires en vertu desquels les envois doivent être faits. 5
19	Dès que le crédit a été ouvert.	Préfet.	Projet de répartition du fonds de non-valeurs des contributions foncière et personnelle et mobilière, en cas d'insuffisance de fonds.	Circ. nos 30, 87, 124, 155, 175, 232, 248, 268, 292.

Epoques variables. — Lettres d'avis.

Nos d'ordre. 1	DATES DES ENVOIS. 2	QUALITÉS des DESTINATAIRES. 3	NATURE DES PIÈCES A TRANSMETTRE. 4	INDICATION des RÈGLEMENTS, INSTRUCTIONS et circulaires en vertu desquels les envois doivent être faits. 5
20	Au moment de l'envoi du dossier au sous-préfet.	Maires.	Lettre d'avis informant le réclamant du dépôt du dossier à la sous-préfecture, dans le cas où le directeur propose le rejet total ou partiel de la demande.	Circ. nos 22, 35, 205, inst. du 10 mai 1819, art. 55, et circ. n° 228.
21	Doit être annexé aux lettres d'avis.	Maires.	Bordereau énonciatif des réclamations déposées dans les sous-préfectures.	Circ. n° 35, et inst. du 10 mai 1819, art. 57.
22	Après décision.	Contrôleurs.	Lettres d'avis notifiant aux réclamants les décisions rendues sur leurs demandes, auxquelles sont joints l'avertissement, la quittance des termes échus et les autres pièces qui doivent leur faire retour.	Circ. n° 24, inst. du 10 mai 1819, art. 89, 90, 92 et 93, et circ. nos 228, 230.
			Lettre portant invitation aux maires de faire la remise aux réclamants des lettres d'avis et des pièces qui y sont annexées.	Circ. du 10 mai 1819, art. 92, 93.
			Liste des réclamants dont les demandes ont été rejetées.	*Idem.*
23	Après décision.	Recev. général.	Lettres d'avis aux percepteurs dans le cas de mutation de cote.	Inst. gén. sur la comptabilité du 17 juin 1840, art. 59 et 106.
24	Après décision.	Recev. général.	Lettres d'avis aux percepteurs dans le cas de maintenue de taxes.	Inst. gén. sur la comptabilité du 17 juin 1840, art. 56 et 106, et inst. du 10 mai 1819, art. 89.
25	Après décision.	Recev. général.	Lettres d'avis aux percepteurs, contenant l'indication des cotes rejetées sur les états de cotes indûment imposées.	Circ. n° 205, et inst. du 10 mai 1819, art. 89.
26	Après décision.	Recev. général.	Lettres d'avis aux percepteurs, contenant l'indication des cotes rejetées sur les états de cotes irrécouvrables.	Circ. nos 102, 205, et inst. du 10 mai 1819, art. 89.
27	Après décision.	Maires.	Lettre d'avis, dans le cas de transfert de patente, à adresser au cessionnaire.	Circ. n° 46.
28	Après l'expédition des ordonnances.	Maires.	Lettre d'avis aux contribuables compris dans les états collectifs de pertes.	Circ. nos 102, 205, et inst. du 10 mai 1819, art. 89.
			Bordereau indiquant le nombre de lettres d'avis y annexées.	*Idem.*

Epoques variables. — Lettres d'avis.

Nos d'ordre. 1	DATES DES ENVOIS. 2	QUALITÉS des DESTINATAIRES. 3	NATURE DES PIÈCES A TRANSMETTRE. 4	INDICATION des RÈGLEMENTS, INSTRUCTIONS et circulaires en vertu desquels les envois doivent être faits. 5
29	Après l'expédition des ordonnances.	Maires.	Lettres d'avis aux contribuables compris dans les états de cotes irrécouvrables auxquels il a été accordé des remises ou modérations.	Circ. nos 102, 205, et inst. du 10 mai 1849, art. 89.
			Bordereau indiquant le nombre de lettres d'avis y annexées.	*Idem.*
30	Dans les 15 jours du jugement des demandes.	Recev. général.	Avis des décharges et réductions accordées sur la taxe des biens de main-morte.	Circ. n° 199.

Epoques variables. — Matrices générales. — Renouvellement quatriennal.

Nos d'ordre.	DATES DES ENVOIS.	QUALITÉS des DESTINATAIRES.	NATURE DES PIÈCES A TRANSMETTRE.	INDICATION des RÈGLEMENTS, INSTRUCTIONS et circulaires en vertu desquels les envois doivent être faits.
1	2	3	4	5
31	Tous les mois, jusqu'à l'achèvement du travail.	Administration, 1re div., 2e bur.	Etat de situation des travaux relatifs au renouvellement des matrices générales.	Circ. nos 31, 200, 293, 298, 360.
32	Aussitôt après l'achèvement du travail.	Maires.	Matrices générales des communes et récépissés des maires.	Circ. nos 34, 200.
33	En janvier.	Préfet.	Etat, en double expédition, présentant, par arrondissement, par perception et par commune, le nombre d'articles compris dans les matrices générales et le montant de l'indemnité du directeur, à raison de un centime et demi par article, terminé par un certificat attestant que toutes les matrices ont été déposées dans les mairies.	Circ. du 19 mars 1819, et no 34.

Epoques variables. — Mines.

Nos d'ordre. 1	DATES DES ENVOIS. 2	QUALITÉS des DESTINATAIRES. 3	NATURE DES PIÈCES A TRANSMETTRE. 4	INDICATION des RÈGLEMENTS, INSTRUCTIONS et circulaires en vertu desquels les envois doivent être faits. 5
34	Aussitôt après la confection des rôles.	Préfet.	Rôles de la redevance des mines, pour être soumis à l'homologation.	Décret du 6 mai 1811, art. 36, 37, 38 et 39, circ. du 26 mai 1837, et nos 338, 351, 364.
35	Après homologation.	Receveurs des finances.	Rôles et avertissements des redevances sur les mines.	Décret du 6 mai 1811, art. 36, 37, 38 et 39, circ. du 26 mai 1837, et nos 338, 351 et 364.
			Feuille d'émargement constatant la remise de ces pièces aux percepteurs.	Circ. du 28 novemb. 1828, et inst. gén. sur la comptabilité du 17 juin 1840, art. 35.
36	Après l'achèvement des rôles.	Préfet, Recev. général.	Copie de l'état du montant des rôles des redevances des mines.	Circ. des 20 août 1829, 28 février 1831, 26 mai 1837 et 21 mai 1838.
37	Aussitôt après l'émission des rôles.	Administration, 1re div., 2e bur.	Avis d'émission des rôles des mines.	Circ. des 29 mars 1828 et 28 février 1831.
38	Avec l'avis d'émission des rôles.	Administration, 1re div., 2e bur.	Extrait du registre des mines, présentant la situation de chaque mine imposée à la redevance.	Circ. no 214.

Epoques variables. — Mutations.

Nos d'ordre. 1	DATES DES ENVOIS. 2	QUALITÉS des DESTINATAIRES. 3	NATURE DES PIÈCES A TRANSMETTRE. 4	INDICATION des RÈGLEMENTS, INSTRUCTIONS et circulaires en vertu desquels les envois doivent être faits. 5
39	Au fur et à mesure des besoins du service.	Contrôleurs.	Imprimés pour la rédaction des extraits d'actes translatifs de propriétés et pour relevés de baux.	Circ. nos 138, 308, inst. du 18 décembre 1853, art. 14 et 150, et circ. no 357.
40	Aux époques fixées par le directeur pour les envois des contrôleurs	Recev. général.	Extraits d'actes translatifs de propriétés relevés par les contrôleurs dans les bureaux de l'enregistrement.	Inst. du 18 décemb. 1853, art. 19.
41	Aux époques fixées par le directeur pour les envois des contrôleurs	Direct. - contrôl.	Extraits d'actes translatifs de propriétés et de baux concernant des biens situés dans des communes appartenant à d'autres départements ou à d'autres divisions de contrôle.	Inst. du 18 décemb. 1853, art. 19.
42	Après décision.	Inspecteur.	Itinéraires des contrôleurs pour les tournées spéciales relatives à la réception des mutations foncières.	Inst. du 18 décemb. 1853, art. 4, 5, 21 et 148.
43	Dix jours à l'avance.	Maires.	Lettres et affiches annonçant l'époque de l'arrivée du contrôleur dans les communes pour le travail des mutations.	Circ. nos 74, 117, 148, et inst. du 18 décembre 1853, art. 3 et 19.

Epoques variables. — Patentes.

N°s d'ordre. 1	DATES DES ENVOIS. 2	QUALITÉS des DESTINATAIRES. 3	NATURE DES PIÈCES A TRANSMETTRE. 4	INDICATION des RÈGLEMENTS, INSTRUCTIONS et circulaires en vertu desquels les envois doivent être faits. 5
44	Au fur et à mesure de leur réception.	Direct.-contrôl.	Bulletins de communication concernant des patentables ayant des établissements dans des communes étrangères au département ou à la division de contrôle.	Circ. n° 46, inst. du 10 juillet 1850, art. 27, 35 et 36, circ. n° 316, et inst. gén. du 31 juillet 1858, art. 26, 31, 86, 89, 90, 91 et 109.
45	Au fur et à mesure de leur réception.	Direct.-contrôl.	Relevés des actes de société en nom collectif, relatifs aux patentables appartenant à d'autres départements ou à d'autres divisions de contrôle.	Circ. n° 46, et inst. gén. du 31 juillet 1858, art. 86 et 89.
46	Au moment des tournées.	Inspecteur.	Extrait du registre d'inscription des faits et renseignements recueillis pour l'amélioration des droits de patente. (Modèle n° 1 *bis*.)	Inst. gén. du 31 juillet 1858, art. 91.
47	Après vérification par le directeur	Maires.	Matrices des patentes sur lesquelles le directeur a opéré des rectifications par suite de la vérification de l'inspecteur.	Circ. n° 361, et inst. gén. du 31 juillet 1858, art. 123.
48	Après avis du directeur.	Préfet.	Avis motivé du directeur sur les observations faites par les maires dans les matrices des patentes. (Modèle n° 5.)	Circ. n° 46, et inst. gén. du 31 juillet 1858, art. 102.
49	Après l'émission des rôles spéciaux.	Contrôleurs.	Etat des centimes ajoutés au principal des patentes par suite de l'émission de rôles spéciaux.	Inst. gén. du 31 juillet 1858, art. 116.
50	Après délivrance de la formule.	Contrôleurs.	Certificat d'imposition des patentables auxquels des formules de patente ont été délivrées par le directeur avant l'émission du rôle. (Modèle n° 8, note D.)	Inst. gén. du 31 juillet 1858, art. 114.
51	Après réception des rapports des contrôleurs	Administration, 1re div., 1er bur.	Rapport du contrôleur et avis du maire relatifs à l'assimilation des professions non indiquées dans le tarif des patentes, avec les observations du directeur.	Circ. nos 46, 156, 326, et inst. gén. du 31 juillet 1858, art. 104.
52	Après avis de l'administration.	Préfet.	Propositions d'assimilation de professions non indiquées dans le tarif des patentes.	Circ. nos 46, 156, 326, et inst. gén. du 31 juillet 1858, art. 104.
53	Après décision du préfet.	Administration, 1re div., 1er bur.	Extrait des décisions rendues par le préfet en matière d'assimilation de patente. (Modèle n° 6.)	Circ. nos 46, 156, 326, et inst. gén. du 31 juillet 1858, art. 104.
54	Après notification.	Contrôleurs.	Notification des décrets portant création d'entrepôts réels, lorsque ces entrepôts sont établis dans des villes où leur existence est de nature à faire augmenter les droits de patente des professions du tableau B.	Inst. gén. du 31 juillet 1858, art. 83.

Epoques variables. — Patentes.

Nos d'ordre.	DATES DES ENVOIS.	QUALITÉS des DESTINATAIRES.	NATURE DES PIÈCES A TRANSMETTRE.	INDICATION des RÉGLEMENTS, INSTRUCTIONS et circulaires en vertu desquels les envois doivent être faits.
1	2	3	4	5

Epoques variables. — Personnel.

Nos d'ordre. 1	DATES DES ENVOIS. 2	QUALITÉS des DESTINATAIRES. 3	NATURE DES PIÈCES A TRANSMETTRE. 4	INDICATION des RÈGLEMENTS, INSTRUCTIONS et circulaires en vertu desquels les envois doivent être faits. 5
55	Du 1er novemb. au 1er février.	Administration, bureau central et du personnel.	Demandes d'admission des postulants au surnumérariat, avec renseignements sur la position de famille des candidats.	Circ. nos 331, 335.
56	Aux époques fixées par l'administration.	Administration, 1re div., 1er bur.	Justifications d'arpentage produites par les candidats au surnumérariat.	Arrêté minist. du 28 mai 1845, art. 6, et circ. nos 85, 95, 308, 331.
57	En septembre et octobre.	Administration, 1re div., 1er bur.	Plans d'étude levés par les surnuméraires.	Arrêté minist. du 28 mai 1845, art. 7, circ. nos 88, 95, 308, et circ. autographiée des 11 septemb. 1855 et 9 août 1856.
58	Le 30 avril au plus tard.	Administration, 1re div., 1er bur.	Justifications d'arpentage des premiers commis et des contrôleurs.	Décis. du 9 décemb. 1841, circ. nos 88, 146, inst. du 18 décembre 1853, art. 59 et 60, et circ. no 308.
59	Après réception de l'avis de nomination.	Directeurs.	Extrait du registre matricule du personnel en ce qui concerne les agents appelés dans d'autres départements.	Circ. no 333.
60	Doit être joint à la lettre du directeur.	Administration, 2e division.	Bulletin énonçant les motifs des demandes de congé, ainsi que les propositions du directeur.	Circ. nos 144, 313, 320.
61	Après réception de la lettre de convocation.	Directeurs présidant la commission.	Registres d'ordre des surnuméraires appelés à subir leur examen.	Circ. no 363.
62	Après réception.	Contrôleurs.	Communication des états nos 2, 3 et 4, annexés aux rapports de l'inspecteur, avec explications et instructions nécessaires pour le redressement des irrégularités signalées par cet employé supérieur.	Circ. no 361.
63	Après vérification du service.	Administration, 2e division.	Rapport du directeur sur le service de l'inspecteur.	Circ. no 317.
			Rapport du directeur sur le service des contrôleurs vérifiés par ce chef de service.	*Idem.*

Epoques variables. — Personnel.

Nos d'ordre	DATES DES ENVOIS.	QUALITÉS des DESTINATAIRES.	NATURE DES PIÈCES A TRANSMETTRE.	INDICATION des RÈGLEMENTS, INSTRUCTIONS et circulaires en vertu desquels les envois doivent être faits.
1	2	3	4	5

Epoques variables. — Poids et mesures.

Nos d'ordre. 1	DATES DES ENVOIS. 2	QUALITÉS des DESTINATAIRES. 3	NATURE DES PIÈCES A TRANSMETTRE. 4	INDICATION des RÈGLEMENTS, INSTRUCTIONS et circulaires en vertu desquels les envois doivent être faits. 5
64	Du 1er février au 1er septemb.	Préfet.	Rôles de la taxe pour frais de vérification des poids et mesures, pour être soumis à l'homologation.	Ordonnance royale du 17 avril 1839, art. 51.
65	Du 1er février au 1er septemb.	Receveurs des finances.	Rôles de la taxe pour frais de vérification des poids et mesures.	Ordonnance royale du 17 avril 1839, art. 51.
			Feuille d'émargement constatant la remise des rôles aux percepteurs.	Circ. du 28 novemb. 1828, et inst. gén. sur la comptabilité du 17 juin 1840, art. 85.
66	Le 1er septemb. au plus tard.	Préfet, Recev. général.	Copie de l'état du montant des rôles de la taxe de vérification des poids et mesures.	Circ. des 14 mars 1826, 20 août 1829, 26 mai 1837 et 21 mai 1838.
67	Aussitôt après l'émission des rôles.	Administration, 1re div., 2e bur.	Avis d'émission des rôles de la taxe pour frais de vérification des poids et mesures.	Circ. des 29 mars 1838 et 28 février 1831.

Epoques variables. — Population.

Nos d'ordre. 1	DATES DES ENVOIS. 2	QUALITÉS des DESTINATAIRES. 3	NATURE DES PIÈCES A TRANSMETTRE. 4	INDICATION des RÈGLEMENTS, INSTRUCTIONS et circulaires en vertu desquels les envois doivent être faits. 5
68	Dans le mois qui suit la publication du décret de dénombrement	Administration, 1re div., 1er bur.	Etat des communes qui changent de catégorie par suite du recensement quinquennal de la population, avec l'indication des modifications que les résultats de cette opération apportent dans l'assiette des contributions des portes et fenêtres et des patentes.	Circ. nos 46, 69, 71, 147, 274, 359.
69	Après notification par le préfet.	Contrôleurs.	Extrait du tableau de la population par commune.	Circ. nos 49, 147, et inst. gén. du 31 juillet 1858, art. 83.
70	Après notification par le préfet.	Inspecteur.	Copie du tableau de la population par commune.	Inst. gén. du 31 juillet 1858, art. 83.
71	Après notification par le préfet.	Inspect.-contrôl.	Etat des rectifications prononcées après la notification des résultats du dénombrement de la population.	Inst. gén. du 31 juillet 1858, art. 83.
72	Après notification par le préfet.	Inspect.-contrôl.	Etat des changements apportés dans les circonscriptions territoriales donnant lieu à des modifications dans la population.	Inst. gén. du 31 juillet 1858, art. 83.

Epoques variables. — Prestations. — Renouvellement quatriennal.

Nos d'ordre. 1	DATES DES ENVOIS. 2	QUALITÉS des DESTINATAIRES. 3	NATURE DES PIÈCES A TRANSMETTRE. 4	INDICATION des RÈGLEMENTS, INSTRUCTIONS et circulaires en vertu desquels les envois doivent être faits. 5
73	Tous les mois, à partir du 1er juillet, jusqu'à l'achèvement du travail.	Administration, 1re div., 2e bur.	Etat de situation des travaux relatifs au renouvellement des états-matrices de la prestation en nature pour l'entretien des chemins vicinaux.	Circ. du 2 avril 1842, et circ. nos 76, 200, 224, 373.

Epoques variables. — Réclamations.

Nos d'ordre.	DATES DES ENVOIS.	QUALITÉS des DESTINATAIRES.	NATURE DES PIÈCES A TRANSMETTRE.	INDICATION des RÈGLEMENTS, INSTRUCTIONS et circulaires en vertu desquels les envois doivent être faits.
1	2	3	4	5
74	Après enregistrement à la direction.	Contrôleurs.	Réclamations de toute nature relatives aux contributions directes et aux taxes assimilées, feuille d'instruction et note explicative, s'il y a lieu.	Circ. n° 205, et inst. du 10 mai 1849, art. 32 et 33.
			Cotes indûment imposées.	*Idem.*
			Cotes irrécouvrables.	*Idem.*
75	Après instruction par les contrôleurs.	Sous-préfets.	Communication des réclamations en décharge et réduction concernant la contribution des patentes;	Inst. du 10 mai 1849, art. 52.
			Des réclamations en remise et modération ;	*Idem.*
			Des états de cotes indûment imposées, contenant des articles de patente;	*Idem.*
			Des états de cotes irrécouvrables.	*Idem.*
76	Après instruction par le directeur	Sous-préfets.	Dépôt des réclamations dont le directeur propose le rejet total ou partiel.	Circ. nos 205, et inst. du 10 mai 1849, art. 55 et 56.
77	Après leur retour de la sous-préfecture	Inspect.-contrôl.	Réclamations pour lesquelles l'expertise est réclamée.	Inst. du 10 mai 1849, art. 61.
78	Après décision.	Administration, 1re div., 2e bur.	Dossiers des affaires jugées contrairement aux propositions du directeur.	Circ. du 5 mai 1841, nos 78, 99, 120, 123, 132, 133, 134, 150, 151, 153, 157, inst. du 10 mai 1849, art. 101, et circ. n° 222.
79	Dans les 5 jours de la communication ou dans les 15 jours, s'il y a lieu de procéder à un supplémt d'instruction.	Préfet.	Requêtes au conseil d'état présentées par les réclamants, communiquées au directeur pour y joindre ses observations et explications, ainsi que le bordereau du maire, si la requête est formée après l'expiration des délais.	Circ. n° 318.
80	Après décision.	Contrôleurs.	Doubles des états de cotes indûment imposées et irrécouvrables, revêtus des décisions intervenues.	Inst. du 10 mai 1849, art. 94.
81	Au plus tard 20 jours avant la clôture de l'exercice.	Préfet.	Tableau des frais auxquels ont donné lieu les expertises provoquées, en matière de réclamations par les contribuables, pendant le cours du précédent exercice.	Circ. du 13 mars 1826.
82	Dix jours avant l'époque de la vérification.	Maires.	Affiches portant l'indication des jour et heure fixés par le directeur pour la vérification des pertes causées par des événements extraordinaires.	Circ. n° 205, et inst. du 10 mai 1849, art. 45 et 46.
			Lettres de convocation pour les commissaires nommés par le sous-préfet.	Inst. du 10 mai 1849, art. 45.

Epoques variables. — Réclamations.

Nos d'ordre. 1	DATES DES ENVOIS. 2	QUALITÉS des DESTINATAIRES. 3	NATURE DES PIÈCES A TRANSMETTRE. 4	INDICATION des RÈGLEMENTS, INSTRUCTIONS et circulaires en vertu desquels les envois doivent être faits. 5
83	Dix jours avant l'époque de la vérification.	Contrôleurs.	Imprimés pour la rédaction des procès-verbaux de pertes sur lesquels est mentionnée l'époque fixée par le directeur pour la vérification.	Inst. du 10 mai 1819, art. 45.

Epoques variables. — Réimpositions.

Nos d'ordre. 1	DATES DES ENVOIS. 2	QUALITÉS des DESTINATAIRES. 3	NATURE DES PIÈCES A TRANSMETTRE. 4	INDICATION des RÈGLEMENTS, INSTRUCTIONS et circulaires en vertu desquels les envois doivent être faits. 5
84	Tous les 15 jours, jusqu'au moment de la promulgation de la loi des finances.	Recev. général.	Etat énonciatif des décisions portant réimposition dans les rôles de l'exercice suivant, certifié par le préfet.	Circ. des 4 juin 1825, 18 mars 1826, et circ. minist. du 12 août 1833.

Epoques variables. — Répartement.

Nos d'ordre. 1	DATES DES ENVOIS. 2	QUALITÉS des DESTINATAIRES. 3	NATURE DES PIÈCES A TRANSMETTRE. 4	INDICATION des RÈGLEMENTS, INSTRUCTIONS et circulaires en vertu desquels les envois doivent être faits. 5
85	Après réception de la circulaire du répartement.	Préfet.	Rapport sur la répartition des contributions directes et tableaux ci-après :	Circ. nos 9, 45, 63, 79, 92, 128, 158, 186, 209, 233, 255, 278, 279, 296, 297, 325, 339, 353, 366.
			1° Eléments de répartition de la contribution personnelle-mobilière ;	Circ. nos 63, 79, 92, 128, 158, 186, 209, 233, 255, 278, 279, 296, 297, 325, 339, 353, 366.
			2° Eléments de répartition de la contribution des portes et fenêtres ;	*Idem.*
			3° Etats des modifications apportées dans les contingents fonciers pour cause de gain ou perte de matière imposable ;	Circ. nos 255, 297, 325, 339, 353, 366.
			4° Réclamations contre les contingents, instruites par le directeur ;	Circ. nos 128, 138, 186, 209, 233.
			5° Etat des transports de contributions par suite de changements de limites ;	Circ. nos 128, 158, 186, 209, 233.
			6° Etat des impositions départementales extraordinaires ;	Circ. nos 128, 158.
			7° Etat des dégrèvements accordés pour cause de surévaluation dans le revenu des propriétés bâties ;	Inst. minist. du 14 mars 1836, et circ. nos 158, 209.
			8° Récapitulation générale des états de sous-répartement.	Circ. du 28 juillet 1840.
86	Au moment de l'envoi des états au préfet.	Administration, 1re div., 1er bur.	Résumé des tableaux fournis au préfet, présentant, par arrondissement, les éléments de répartition des contributions personnelle-mobilière et des portes et fenêtres.	Circ. nos 158, 186, 209, 233.

Epoques variables. — Répartement.				
Nos d'ordre.	DATES DES ENVOIS.	QUALITÉS des DESTINATAIRES.	NATURE DES PIÈCES A TRANSMETTRE.	INDICATION des RÈGLEMENTS, INSTRUCTIONS et circulaires en vertu desquels les envois doivent être faits.
1	2	3	4	5

Epoques variables. — Rôles.

Nos d'ordre.	DATES DES ENVOIS.	QUALITÉS des DESTINATAIRES.	NATURE DES PIÈCES A TRANSMETTRE.	INDICATION des RÈGLEMENTS, INSTRUCTIONS et circulaires en vertu desquels les envois doivent être faits.
1	2	3	4	5
87	Avec les résumés trimestriels.	Administration, 1re div., 2e bur.	Etats du montant des rôles spéciaux pour impositions locales, communales et départementales pour poids et mesures, pour suppléments de patentes, pour redevances sur les mines, pour biens sortis du domaine de l'Etat et pour la taxe des biens de main-morte.	Circ. des 20 août 1829, 26 mai 1827, 21 mai 1838, et no 199.
88	Au moment de l'envoi du montant des rôles au préfet et au recev. général.	Administration, 1re div., 2e bur.	Avis d'émission des rôles spéciaux de toute nature.	Circ. des 29 mars 1828, 28 février 1834, et nos 115, 199, 201, 351.
89	Après enregistrement	Sous-préfets.	Etats indiquant la date de la publication des rôles.	Circ. nos 17, 116.

Epoques variables. — Taxe des biens de main-morte. — Renouvel[t]. quinquennal.

Nos d'ordre.	DATES DES ENVOIS.	QUALITÉS des DESTINATAIRES.	NATURE DES PIÈCES A TRANSMETTRE.	INDICATION des RÈGLEMENTS, INSTRUCTIONS et circulaires en vertu desquels les envois doivent être faits.
1	2	3	4	5
90	Tous les mois, à partir du 1er juillet, jusqu'à l'achèvement du travail.	Administration, 1re div., 2e bur.	Etat de situation des travaux relatifs au renouvellement des états-matrices de la taxe des biens de main-morte.	Circ. nos 199, 298, 373.

TABLE DES MATIÈRES.

		Numéros d'Ordre des				
INDICATION DES MATIÈRES.		En JANVIER. — page 9.	En FÉVRIER. — page 19.	En MARS. — page 25.	En AVRIL. — page 31.	En MAI. — page 37.
Archives	Remises de Service	»	»	»	»	»
	Vente de papiers	»	»	»	»	»
Bourses et chambres de commerce		»	»	»	»	»
Comptabilité des dégrèvements.	Dépenses et crédits	12.	6.	8.	9.	6.
	Ordonnances et bordereaux.	3, 25.	1, 10.	3, 11.	2, 14.	1, 12.
Comptabilité de l'ordonnat. secondaire	Situations	15.	7.	9.	12.	7.
	Mandats, border. et relevés.	4, 5, 6.	2, 3, 4.	4, 5, 6.	3, 4, 5.	2, 3, 4.
Compte administratif		»	»	»	»	13, 15.
Contingents ; — accroissem. et réductions.		»	»	17.	19.	»
Fonds de non-valeurs.	Bordereau général des pertes	»	11, 12.	»	»	»
	Cotes irrécouvrables et indûment imposées	»	»	»	»	13.
	Distribution du fonds de non-valeurs	»	»	»	»	»
Lettres d'avis et bordereaux.	Aux percepteurs	»	»	»	»	»
	Aux maires	»	»	»	»	»
Matrices générales et centimes le franc		31.	»	»	»	»
Mines		»	»	»	»	»
Mutations	Itinéraires, tournées et états des percepteurs	2.	»	»	1, 13, 15, 16, 17, 18, 19.	»
	Application et réintégration des matrices	23, 24.	8, 9.	1, 2, 12.	»	14.
	Comptabilité	30.	»	»	»	»
Patentes	Tournées et matrices	»	»	»	20.	»
	Etat comparatif	16.	»	»	»	13.
	Assimilations	»	»	»	»	»
	Renseignements divers	40, 41, 42.	»	»	21, 22.	»

Pièces à fournir :

En JUIN. — page 43.	En JUILLET. — page 47.	En AOUT. — page 53.	En SEPTEMBRE — page 57.	En OCTOBRE. — page 63.	En NOVEMBRE. — page 71.	En DÉCEMBRE. — page 79.	À DES ÉPOQUES INDÉTERMINÉES. — page 87.
»	»	»	»	»	»	»	1, 2.
»	»	»	»	»	»	»	3, 4.
»	»	»	»	»	»	»	5, 6, 7, 8.
8.	12.	8.	8.	11.	9.	7.	»
3, 11.	4, 16.	3, 14.	3, 12.	4, 16.	4, 20.	2, 13.	»
9.	15.	9.	9, 10.	14.	10.	8.	»
4, 5, 6.	5, 6, 7.	4, 5, 6.	4, 5, 6.	5, 6, 7.	5, 6, 7.	3, 4, 5.	9, 10, 11, 12, 13, 14, 15, 16, 17, 18.
»	»	»	»	»	»	»	»
»	»	»	»	»	»	»	»
»	»	»	»	»	»	»	»
»	»	»	»	»	»	»	»
»	»	»	14, 15.	»	»	»	19.
»	»	»	»	»	»	»	23, 24, 25, 26, 30.
»	»	»	»	»	»	»	20, 21, 22, 27, 28, 29.
»	»	»	»	»	»	»	31, 32, 33, 49.
»	»	»	»	»	»	»	34, 35, 36, 37, 38.
1.	1, 2.	1.	1.	1, 2, 23.	1, 23, 24, 25.	»	39, 40, 41, 42, 43.
»	»	»	»	24.	17, 18, 29.	10, 11.	»
»	»	»	11.	»	22.	»	11, 12, 13.
1.	2.	1.	1, 13.	2.	1.	14, 18.	47, 48.
»	»	»	»	»	»	»	»
»	»	»	»	»	»	»	51, 52, 53.
»	21, 22.	»	»	17, 18.	»	»	44, 45, 46, 49, 50, 54.

		Numéros d'Ordre des				
INDICATION DES MATIÈRES.		En JANVIER. — page 9.	En FÉVRIER. — page 19.	En MARS. — page 25.	En AVRIL. — page 31.	En MAI. — page 37.
Personnel ………	Demandes d'admission et justifications d'arpentage…..	»	»	»	»	»
	Feuilles individuel., congés.	7.	»	»	»	»
	Relevés som., regist. d'ordre	8, 9.	5.	7.	6, 7.	5.
Poids et mesures ………………………		»	»	»	»	»
Population ………………………………		»	»	»	»	»
Prestations ……..	Confect. des matrices et rôles	»	»	»	»	»
	Etat du montant des rôles…	13.	»	»	10.	»
	Frais d'assiette……………	»	»	»	»	»
Propriétés de l'Etat………………………		45.	»	»	»	»
Rapports du directeur, de l'inspecteur et des contrôleurs.	Service général……………	49.	13.	18.	23.	16.
	Mutations……………………	»	»	»	»	14.
	Patentes……………………	»	»	»	»	»
Réclamations …..	Envoi et communication…..	»	»	»	»	»
	Situation de l'instruction….	14.	»	»	11.	»
	Décisions déférées…………	»	»	»	»	»
	Expertises…………………	»	»	»	»	»
Réimpositions …………………………		»	»	»	»	»
Répartement et sous-répartement………		29.	»	»	»	»
Rôles……………	Confection…………………	1, 26.	»	»	»	»
	Homologation, envoi et publication…………………	17, 18, 43, 44.	»	»	»	8, 9, 13.
	Etats du montant des rôles et résumés………………	10, 19, 27, 28.	»	10.	8.	10.
	Avis d'émission……………	20.	»	»	»	11.
	Rôles auxiliaires…………	46, 47, 48.	»	»	»	»
	Comptabilité………………	11, 21.	»	»	»	»

Pièces à fournir :

En JUIN. — page 43.	En JUILLET. — page 47.	En AOUT. — page 53.	En SEPTEMBRE — page 57.	En OCTOBRE. — page 63.	En NOVEMBRE. — page 71.	En DÉCEMBRE. — page 79.	A DES ÉPOQUES INDÉTERMINÉES. — page 87.
»	»	»	»	»	»	»	55, 56, 57, 58.
»	8.	»	»	»	»	»	59, 60.
7.	9, 10.	7.	7.	8, 9.	8.	6.	61.
»	»	»	»	»	»	»	64, 65, 66, 67.
»	»	»	»	»	»	»	68, 69, 70, 71, 72.
2.	3.	2.	2.	3, 21, 22.	2.	»	73.
»	13.	»	»	12.	15, 16.	»	»
»	»	»	»	»	15, 16.	»	»
»	»	»	»	»	»	»	»
12.	23.	15.	16.	29.	30.	19.	63.
»	»	»	»	»	23, 24.	»	62.
»	»	»	»	»	»	18.	62.
»	»	»	»	»	»	»	74, 75, 76, 80, 82, 83.
»	14.	»	»	13.	»	»	»
»	»	»	»	»	»	»	78, 79.
»	»	»	»	»	»	»	77, 81.
»	»	»	»	20.	21.	»	84.
»	»	»	»	19, 23.	»	»	85, 86.
»	»	»	»	15, 28.	3, 19, 28.	1, 12, 17	»
»	»	10, 11.	»	26, 27.	11, 12, 26, 27.	15, 16.	89.
»	11.	12.	»	10.	13.	»	87.
»	»	13.	»	»	14.	»	88.
»	»	»	»	»	»	»	»
»	»	»	»	»	»	9.	»

		Numéros d'Ordre des				
INDICATION DES MATIÈRES.		En JANVIER. — page 9.	En FÉVRIER. — page 19.	En MARS. — page 25.	En AVRIL. — page 31.	En MAI. — page 37.
Statistique		29.	»	»	»	»
Taxe des biens de main-morte.	Matrices	»	»	»	»	»
	Rôles, états du montant des rôles	32, 33, 34, 35.	6.	8.	9.	6.
Taxe municipale sur les chiens.	Matrices	22.	»	»	»	»
	Rôles, états du montant des rôles, etc	36, 37, 38, 39.	»	13, 14, 15, 16.	»	»

Pièces à fournir :

En JUIN. — page 43.	En JUILLET. — page 47.	En AOUT. — page 53.	En SEPTEMBRE. — page 57.	En OCTOBRE. — page 63.	En NOVEMBRE. — page 71.	En DÉCEMBRE. — page 79.	A DES ÉPOQUES INDÉTERMINÉES. — page 87.
»	»	»	»	»	»	»	»
»	»	»	»	»	»	»	90.
8.	12.	8.	8.	11.	9.	7.	»
10.	»	»	»	»	»	»	»
»	17, 18, 19, 20.	»	»	»	»	»	»

	Numéros d'Ordre des				
INDICATION DES MATIÈRES.	En JANVIER. — page 9.	En FÉVRIER. — page 19.	En MARS. — page 25.	En AVRIL. — page 31.	En MAI. — page 37.

Pièces à fournir :

En JUIN. — page 43.	En JUILLET. — page 47.	En AOUT. — page 53.	En SEPTEMBRE — page 57.	En OCTOBRE. — page 63.	En NOVEMBRE. — page 71.	En DÉCEMBRE. — page 79.	A DES ÉPOQUES INDÉTERMINÉES. — page 87.

DUPONT ET Cie

www.ingramcontent.com/pod-product-compliance
Lightning Source LLC
Chambersburg PA
CBHW071202200326
41519CB00018B/5333

9782013742030